멋진 오늘보다
더 멋진 내일을 응원하는

유머라면
유대인처럼

웃어라,
세상이 너와 함께 웃을 것이다.
울어라,
너 혼자 울게 될 것이다!

_ 엘라 휠러 윌콕스, 〈고독〉에서

- 이 책에 소개된 'Insight'는 유대인 유머를 더 재밌고 유쾌하게 읽으시라고, 편역자가 직접 쓴 것입니다.
- 번역하는 과정에서 독자들이 이해하기 어려운 상황이나, 배경은 편역자가 임의로 각색했습니다.
- 이 책에 소개된 유머들은 '참고 문헌'의 책들에서 가려 뽑았습니다.
- 사랑하는 우리 할머니 최성기 여사님께 그리움을 담아, 이 책을 바칩니다.

유대 5천 년, '탈무드 유머 에센스!'

멋진 오늘보다 더 멋진 내일을 응원하는 유머라면 유대인처럼

• 박정례 편역 •

The essence of Jewish humor

Sb
smart business

차례

너무 늦은 깨달음

Insight

다른 사람에게 인생을 조언할 때, 틀리다고 말하지 말고 다르다고 말하라. 입술의 30초가 가슴의 30년이 되기도 한다. 말 한 마디가 누군가의 인생을 바꾼다.

약간의 땅과 암소 몇 마리를 키우면서 행복하게 살고 있는 농부가 있었다. 어느 날 도시에서 의사로 일하고 있는 사촌동생이 농부의 집에 놀러왔다. 사촌동생은 농부가 지금까지 듣도 보도 못한 물건들과 도시 생활의 편리함에 대해 자랑을 늘어놓았다.

처음에 신기해서 귀를 기울이던 농부는 이내 서글퍼졌다. 자기만 촌구석에서 궁상맞게 살고 있다는 기분이 들었다.

그러자 사촌동생이 지금이라도 늦지 않았다며, 비결을 알려줬다. 은행에서 돈을 빌려 땅과 가축을 사고, 그 번 돈으로 더 많은 땅과 가축을 사라고 했다. 그렇게 계속해서 땅과 가축을 사서 큰

돈을 벌고 나면, 도시에 사는 사람들도 형님을 부러워할 거라고 큰소리쳤다.

농부는 마음이 불끈 달아올라 사촌동생이 시키는 대로 했다. 하루도 쉬지 않고 파김치가 될 때까지 일만 했다. 땅은 물론이고 암소와 트랙터와 수확용 기계도 사들였다. 꼭두새벽부터 해질 때까지 농부는 입에 단내가 나도록 일만 했다.

은행 빚을 갚느라 한 푼도 쓰지 않고 알뜰하게 돈을 모았다. 물론 땅과 가축을 더 많이 사들일 욕심으로, 그 뒤로도 줄기차게 또 빚을 졌다. 이윽고 농부는 죽도록 일만 하다가 늙은이가 되었다. 온몸이 쑤시고 저려서, 그는 결국 의사 사촌동생을 찾아갔다.

사촌동생은 농부를 이리저리 진찰하고는 점잖게 경고했다.

"쉬지 않으면 형님은 오래 못 사십니다. 제가 시키는 대로 하세요. 땅을 전부 팔고 암소 몇 마리만 남겨 두세요. 손바닥만한 밭뙈기만 갈아도 얼마든지 왕처럼 살 수 있잖아요. 욕심 없는 단순한 생활이 건강의 열쇠입니다!"

농부는 이 말을 듣고는 사촌동생에게 벌컥 화를 냈다.

"젠장, 왜 삼십 년 전에 그 말을 해주지 않았어? 그랬으면 평생이 고생을 안 했을 것 아냐!"

새장 속의 새

Insight

병이나 사고로 죽음의 문턱까지 갔다가, 다시 살아난 사람은 안다. 삶을 어떻게 살아야 하는지. 그래서 그들은 하나같이 자신보다는 남을 위해 산다. 삶과 죽음의 갈림길에서 그들은 무엇을 본 것일까?

한 소년이 풀밭에서 노래를 부르고 있던 새를 한 마리 잡아서 집으로 가져왔다. 그리고는 새장에 집어넣고 창가에 뒀다. 낮에는 조용히 있던 새가, 밤만 되면 노래했다.

노랫소리를 듣고 올빼미가 왜 밤에만 노래하느냐고 새한테 물었다.

새의 대답은 이러했다.

"저 아이가 나를 잡아다가 새장에 가두게끔 만든 게 바로 내가 낮에 부른 노랫소리 때문이잖아. 그때 난 아주 중요한 교훈을 얻었지. 절대 노래하는 모습이 눈에 띄어서는 안 된다고 말이야. 그래서 이렇게 밤에만 노래를 부르는 거야."

"참으로 현명한 예방책이군. 잡히기 전이었다면 말이지."

세 친구

Insight

계산되지 않는 것들을 많이 가질수록 인생이 풍부해진다. 가장 비싸고 좋은 건 계산할 수 없는 것들이다. 묻지도 따지지도 말고 선행하라.

어떤 사람에게 세 명의 친구가 있었다.

첫 번째 친구는 마음속 깊이 사귀는 사이였으며, 세상에 둘도 없는 특별한 친구로 소중하게 생각했다.

두 번째 친구는 그가 마음속으로는 사랑하고 있었으나, 첫 번째 친구만큼 소중하게 여기지 않았다.

세 번째 친구는 친구로는 생각하고 있었으나, 별로 관심을 갖지 않았다.

어느날 경찰서에서 소환장을 받은 그는 나쁜 일로 벌을 받게 되는 것이 아닐까 두려웠다. 그래서 혼자 갈 용기가 나지 않자, 세 친구에게 차례로 함께 가자고 부탁했다.

그가 늘 소중하게 생각하는 첫 번째 친구는 아무 이유도 말하지 않은 채 그냥 거절했다. 첫 번째 친구는 재산이다. 아무리 재산을 소중히 여기고 사랑한다 할지라도 죽을 때는 고스란히 남겨둔 채, 혼자 떠나야 한다.

두 번째로 소중하게 여기는 친구는 경찰서 앞까지만 함께 가줄 수가 있다고 했다. 두 번째 친구는 가족이다. 화장터나 무덤까지는 함께 따라가 주지만 그냥 돌아가 버린다.

실망한 그는 다시 어쩔 수 없이 세 번째 친구에게 함께 가달라고 부탁했다. 그러자 친구는 흔쾌히 동행을 허락하고는 걱정하지 말라고 격려까지 해줬다. 세 번째 친구는 선행이다. 선행이란 평소에는 별로 남의 눈길을 끌지 못하지만, 죽은 뒤에는 영원히 함께한다.

미운 사람 죽이기

Insight

미운 사람을 대할 때는 칼이 아닌 떡을 써야 한다. 그래야 영원히 죽는다.

시어머니에게 시달리던 며느리가 참다못해 점쟁이를 찾아갔다. 점쟁이가 말했다.

"딱 두 달 만 정성을 다해 떡을 해 먹이면 시어머니가 죽을 거야."

설마 떡을 해 먹인다고 사람이 죽을까?

의심이 생겼지만 밑져야 본전이라고 생각하고 며느리는 온갖 정성으로 시어머니에게 떡을 올렸다.

무슨 일인지 내막을 모르는 시어머니는 갑작스런 며느리의 태도와 정성에, 전에 없던 애틋한 마음이 생기기 시작했다. 그렇게 조금씩 마음이 변하기 시작했다.

두 달 뒤, 시어머니는 며느리를 친딸처럼 대하게 되었다. 며느리는 시어머니가 자신을 괴롭히지 않으니 문제는 해결되었다고 생각했다. 하지만 시어머니가 자신을 친딸처럼 대하니, 어느 순간부터 자신도 시어머니를 친어머니처럼 여기게 되었다.

그러다 문득 겁이 나기 시작했다. 어쨌든 두 달 동안 정성껏 떡을 해 먹인 것은 사실이므로, 시어머니가 죽을 게 아닌가.

며느리는 헐레벌떡 점쟁이를 찾아갔다.

"제발 저희 어머니를 살려주세요. 제가 어리석었습니다."

걱정하는 며느리를 바라보며 점쟁이가 웃으면서 말했다.

"미운 시어머니가 죽은 것이야!"

지네

Insight

항상 자신보다 남을 의식하며 살고, 남의 시선을 위해 사는 사람은 불행해진다. '남'을 의식할 때 '나'는 의식을 잃는다. 인간은 타인의 눈길에서 지옥을 경험한다.

지네 한 마리가 길을 걷고 있었다. 그 모습을 유심히 보고 있던 여우가 궁금함을 참지 못하고 물었다.

"지네야, 너는 백 개의 발을 가지고도 아주 잘 걷고 있으니 참 놀라운 일이야. 스물다섯 번째 다리가 땅에 닿고 나서 그다음에 서른일곱 번째 다리가 땅에 닿더군. 서른일곱 번째 다리 다음에는 어떤 다리가 땅에 닿지?"

"나는 그냥 걸어 다닐 뿐이야. 한 번도 그런 생각을 하면서 걷지 않았어. 차분하게 한 번 생각해볼게."

지네는 곰곰이 생각했다. 생각을 하면 할수록 자신과 걸음을 분리하고, 의식하기 시작했다. 결국 지네는 자연스럽게 걸을 수 없게 되었다.

여우가 웃으면서 말했다.

"그렇지! 나는 네가 걷는 것이 무척 어려울 거라고 늘 생각해왔어."

지네는 눈물을 머금은 채 말했다.

"전에는 결코 어렵지 않았어. 그런데 이제 다시는 예전처럼 걸을 수가 없어!"

성공

Insight

편안함을 포기하는 크기만큼 성공의 크기도 커진다. 반대로 현실을 편안함으로 사는 사람은 성공을 기대해서는 안 된다.

한 욕심 많은 부자가 세상의 모든 성공을 파는 가게가 있다는 소문을 들었다. 그는 지금보다 더 큰 성공을 이루고 싶은 마음에 곧장 길을 떠났다. 많은 돈을 준비해 여러 해 동안 성공을 파는 가게를 찾았지만 쉽게 찾을 수 없었다.

이제 그만 포기하고 집으로 돌아가려는데, 저 멀리 〈세상의 모든 성공을 파는 가게〉라는 간판이 보였다. 부자는 기뻐하며 가게로 달음박질쳤다.

가게로 들어서자, 종업원이 물었다.

"손님은 어떤 성공을 원하십니까? 사소한 성공, 작은 성공, 큰 성공, 세상에서 가장 큰 성공 등 모든 종류의 성공이 있습니다."

"아, 당연히 세상에서 가장 큰 성공이지요. 그러지 않다면 제가 이 고생하면서 여기까지 왔겠습니까? 돈은 얼마든지 드릴 테니 세상에서 가장 큰 성공을 주시오."

종업원은 잠시 머뭇거리더니 말했다.

"워낙 비싸기 때문에 쉽게 살 수가 없습니다."

"도대체 얼마나 비싸길래 그러는 것이오. 한 번 가격을 말해보시오."

종업원은 말없이 가격표를 손님에게 보여줬다. 가격표를 읽은 부자는 아무 말 없이 고개를 숙이고, 가게를 빠져나갔다.

가격 : 세상에서 가장 큰 성공을 사려는 사람은 자신의 남은 생에서 편안함을 포기해야 한다.

어부의 행복

Insight

미국의 시인 로버트 프로스트는 "하루에 8시간씩 성실하게 일해봤자, 결국에는 사장이 되어 하루 12시간씩 일하게 될 뿐이다."라고 독설을 날렸다. 우리는 저마다의 행복을 꿈꾸지만, 그 앞에는 항상 '언젠가'라는 단서를 붙인다. 언젠가 말고, 내일 말고, 오늘 행복하라.

한 사업가가 어느 멋진 해변으로 휴가를 갔다. 해변에서 만난 어부에게서 물고기 몇 마리를 샀는데, 그 맛이 기가 막혔다. 다음 날 또 물고기를 사러 갔더니, 어부는 오늘 잡은 물고기는 저녁에 가족들과 함께 먹을 것만 남기고 다 팔았다며 다음에 오라는 것이었다.

사업가는 어처구니없었다. 이렇게 맛있는 물고기를 매일 몇 마리만 잡아서 팔고, 나머지는 식구들과 나눠 먹고 말다니. 사업가는 어부에게 말했다.

"나와 동업합시다. 당신은 물고기를 지금보다 더 열심히 잡고 내가 마케팅을 한다면 5년 후에 큰 배를 사고, 공장도 세울 겁니다."

"그렇게 돈을 많이 벌어서 뭐 하게요?"

"당연히 편안한 삶을 누리는 거죠. 억만장자가 되면 한적한 해변에 별장을 짓고, 가족들과 여유로운 생활을 만끽하죠. 배부르면 낮잠을 자고, 저녁엔 친구들과 기타를 치면서 노는 겁니다. 생각만 해도 천국 같지 않아요?"

그러자 어부가 한심하다는 듯이 말했다.

"이봐요, 지금 내가 그렇게 살고 있잖소!"

졸부 가족과 유대인 가족

Insight

우리나라 어머니들은 아이가 학교에 갈 때 "선생님 말씀 잘 들어라!"고 말하지만, 유대인의 어머니들은 "질문을 많이 하라!"고 당부한다.

갑자기 부자가 된 졸부 가족이 부자들만 산다는 교외의 고급 주택지구로 이사를 왔다. 하지만 이 가족은 이 정도로는 만족할 수가 없었다. 그 마을에서도 VIP만 들어갈 수 있는 클럽의 회원으로 가입하고 싶었다.

그래서 한껏 온화하고 우호적인 제스처를 마을 사람들에게 보여줬다. 물론 마을 사람들에게서 환심을 사기 위한 치밀한 사전 전략이었지만, 여하튼 끊임없이 선심 공세를 폈다.

아버지는 일부러 자기 시간을 써 가면서 이웃 사람들을 만나고 다녔다. 여기 가서 골프 실력 향상 비법을 친절하게 가르쳐주는

가 하면, 저기 가서 정원의 잔디를 잘 기르는 방법을 가르쳐줬다.

어머니는 저녁 시간이면 집집마다 찾아다니면서 디저트 요리 만드는 법이라든가, 과자 굽는 법을 가르쳐줬다. 그리하여 한껏 명랑한 분위기를 연출한 다음, 기막히게 맛있는 케이크 만드는 비결까지 몽땅 털어놓았다.

대학에 다니는 아들은 같은 과 친구들을 집으로 데려와서 이웃 소녀들과 미팅을 시켜줬으며, 딸은 무보수로 동네 사람들의 아기를 돌봐줬다.

그렇지만 마을의 클럽 임원들이 모여서 회원 가입 심사를 한 결과, 반응은 그다지 호의적이지 않았다.

"이 가족들은 너무 아는 체를 합니다."

이쪽에서 이런 말이 나오자, 저쪽에서 또 저런 말이 나왔다.

"그리고 항상 너무 잘난 체를 하지요. 확실히 그 사람들은 생색만 내려는 속물들입니다."

그러자 한 위원이 이렇게 말했다.

"이 가족보다 훨씬 예의 바른 가족이 있습니다. 유대인 가족인데, 바로 얼마 전에 이사를 왔어요. 제가 그 집 남자를 만나 봤는데, 저한테 자기네 장미에 대해서 조언을 해달라고 하더군요. 좀 소심하긴 해도 점잖은 가족이라고 생각합니다."

다른 위원도 옆에서 거들었다.

"제 아내도 그 집 여자를 만난 적이 있다더군요. 뭐 별로 어렵지 않는 요리 만드는 법까지 물어 왔다는 겁니다. 너무 뭘 모른다고 해야 할지, 아니면 때가 묻지 않았다고 해야 할지 모를 정도입니다."

클럽 의장이 결론을 내렸다.

"사실, 나도 그 집 아이가 내 딸아이한테 남자친구를 소개해달라고 부탁하는 광경을 봤지요. 우리 클럽에 가입시키는 게 좋은 일이겠군요."

그리하여 졸부 가족의 입회 신청은 거부되었고, 유대인 가족은 클럽 회원들의 전폭적인 환영을 받으면서 가입되었다.

거스름돈

Insight

새는 죽을 때 가장 슬픈 소리로 노래하고, 사람은 죽을 때 가장 좋은 말을 남긴다. 잘 보낸 하루 끝에 행복한 잠을 청할 수 있듯이, 한 생을 잘산 후에야 행복한 죽음을 맞이할 수 있다.

마을에서 둘째라면 화를 낼 정도로 부유한 유대인이 죽음을 앞두고 있었다. 임종이 임박하자, 다급하게 아들에게 말했다.

"가장 유명한 랍비를 불러다오!"

아들이 사람을 보내 가장 유명한 랍비를 불렀다. 랍비가 곧 도착할 거라는 말을 들은 그는 안심하며 아들에게 말했다.

"그 랍비가 기도를 해주면 꼭 천국에 갈 수 있겠지?"

"당연하지요, 아버지. 워낙 유명한 랍비이기 때문에 반드시 천국에 가실 수 있을 거예요."

"그런데 그 랍비에게 기도 비용을 얼마나 줘야 하겠니?"

"아마도 1만 달러는 주셔야 할 거예요."

숨을 헐떡거리며 아버지가 다시 아들에게 말했다.

"안 되겠다. 1만 달러를 주면 기도해주는 유명한 가톨릭 신부도 불러다오. 만약 랍비의 기도가 약발이 약해 천국에 가지 못하면, 가톨릭 천국이라도 가야겠다."

그래서 아들은 급하게 가톨릭 신부도 불렀다. 가톨릭 신부가 곧 도착할 거라는 말을 들은 아버지는 그래도 못 미더운지 아들에게 말했다.

"그래도 마음이 놓이지 않는구나. 1만 달러를 주면 기도해주는 유명한 개신교 목사도 불러다오. 세 사람에게 기도를 부탁하면 셋 중 하나는 되겠지."

그렇게 해서 유대교 랍비, 가톨릭 신부, 개신교 목사가 함께 기도를 올렸다. 이 모습을 평화롭게 지켜보고 있던 아버지가 갑자기 생각난 듯 눈을 뜨고 말했다.

"랍비님, 신부님, 목사님, 나는 세 분에게 드릴 3만 달러를 제외하고 모든 재산을 아들에게 물려줬습니다. 그런데 천국에 가기 위해서는 노잣돈이 필요하지 않을까요? 그러니 세 분 모두 기도값으로 받으시는 1만 달러에서 2천 달러씩만 내 관 속에 다시 넣어주십시오."

세 사람 모두 그렇게 하겠다고 약속했다. 이 약속을 들은 아버지는 편안하게 눈을 감았다.

장례식 날이 되었다. 약속대로 가톨릭 신부가 2천 달러를 관 속에 넣었다. 다음에는 개신교 목사도 2천 달러를 넣었다. 그다음 랍비 차례였다.

랍비는 엄숙한 태도로 주머니 속에서 당좌수표를 꺼내어 6천 달러를 기입하더니, 그 당좌수표를 관 속에 넣고 4천 달러의 거스름돈을 집어들었다.

혀

Insight

새들은 제 이름을 부르며 울기 때문에 무슨 새인지 안다. 사람은 말로써 자신이 어떤 사람인지 금세 들킨다.

한 랍비가 하인에게 비싸더라도 맛있는 음식을 사 오라고 했다. 하인은 혀를 사 가지고 왔다.

이틀 뒤, 랍비는 오늘은 맛이 없더라도 값싼 음식을 사 오라고 했다. 하인은 이번에도 혀를 사 가지고 왔다.

랍비가 물었다.

"내가 비싸더라도 맛있는 음식을 사 오라고 했을 때에도 혀를 사 왔고, 맛은 없더라도 값싼 음식을 사 오라고 한 오늘도 혀를 사 가지고 왔으니 대체 어찌된 일이냐?"

하인이 대답했다.

"혀가 좋을 때는 그것보다 더 좋은 것이 없지만, 반대로 나쁠 때는 그보다 더 이상 나쁜 것이 없기 때문입니다."

희망

Insight

달이 차면 반드시 기운다. 기운 달도 시간이 지나면 반드시 차오른다. 그래야 달이다. 인생도 마찬가지다. 지금 힘들더라도 조금만 더 힘내자.

랍비가 나귀 한 마리와 개 한 마리, 그리고 작은 등불 하나를 가지고 여행을 하고 있었다. 날이 저물자, 그는 낯선 집의 헛간에 여장을 풀었다. 랍비는 나귀와 개를 한쪽 구석에 잠재워놓고 등불 밑에서 책을 읽기 시작했다. 그런데 때마침 바람이 불어와 등불을 꺼버렸으므로 할 수 없이 잠을 청해야만 했다.

그날 밤, 사건이 일어났다. 여우가 나타나서 그의 개를 죽이고, 사자가 와서 나귀까지 물고 가버렸다.

날이 밝자, 그는 등불 하나만을 지닌 채 터벅터벅 길을 떠나야 했다. 이웃 마을 어귀에 이르렀으나 사람의 그림자는커녕 개미 새끼 한 마리도 보이지 않았다. 전날 밤 도적떼가 그 마을을 습격하여 약탈과 살인을 자행했던 것이다. 마을은 폐허가 되었고, 사람들은 모두 죽임을 당해 한 사람도 살아남지 못했다.

만일 전날 밤 등불이 바람에 꺼지지 않았더라면 그는 도적떼에게 발견되어 죽음을 면치 못했을 것이다. 그리고 여우가 개를 죽이지 않았더라면 개가 짖어서 도적떼를 부르는 결과를 초래했을 것이다. 또한 사자가 나귀를 물고 가지 않았더라면 나귀가 소란을 피워 역시 도적떼가 쳐들어왔을 것이다.

그는 자기가 소유했던 것 전부를 잃은 덕분에 도둑들에게 들키지 않았던 것이다. 그 일로 인해 랍비는 다음과 같은 진리를 깨달았다.

"사람은 최악의 상황에서도 희망을 가질 필요가 있다. 불행처럼 보이는 일도 행운으로 연결되는 경우가 얼마든지 있다."

아가씨의 문제

Insight

대부분 다른 사람의 결점은 쏜살같이 찾아내지만, 자신의 결점은 찾지 못한다. 그래서 "너 자신을 알라."는 소크라테스의 말은 지금도 유효하다.

미모의 아가씨가 병원에 와 의사에게 증상을 설명했다.

"아무래도 제 뱃속에 이상이 생겼나 봐요. 방귀가 자주 나오는데 냄새라곤 전혀 없거든요."

"그래요? 그럼 상태를 알아보게 방귀를 좀 뀌어보시죠."

"어머나, 그게 어디 뀌고 싶다고 마음대로 뀌어지나요?"

"그럼 다음에 방귀가 나올 낌새가 있거든 곧장 달려오세요."

다음 날, 의사가 환자를 진찰하고 있는데 간호사가 뛰어들어와 그 아가씨의 이름을 대며 응급환자이니 빨리 와 보시라고 소리쳤다. 박사는 아가씨의 이름이 금방 기억나지는 않았으나, 방귀가 자주 나오지만 냄새가 없다고 한 바로 그녀라는 말에 급히 뛰어나갔다.

병원 복도에 서 있던 아가씨가 외쳤다.

"나와요! 나와!"

잠시 기다리고 있자니 이윽고 조그맣게 소리가 났다. 의사는 얼굴을 찡그리며 말했다.

"말씀하신 대로군요, 아가씨. 이건 대단히 심각한 상태입니다. 바로 수술해야 되겠어요."

아가씨는 얼굴이 새파랗게 질려 물었다.

"네? 수술해야 된다고요?"

"네, 아가씨 코를 한시라도 빨리 수술해야겠어요."

오, 하느님!

Insight

무의식은 의지보다 강하다. 당신을 빛나게 하거나 망가뜨리는 것은 현재의 생각, 습관, 감정이 아니라 무의식이다. 좋은 생각, 좋은 습관, 좋은 감정이 무의식에 자리잡도록 연습하라.

어떤 사람이 목장에서 말을 구경하다가 마음에 쏙 드는 말을 발견했다. 그는 사고 싶은 마음에 목장의 주인에게 물었다.

"저 말을 사고 싶은 데 파시겠습니까?"

"그렇게 하세요. 그런데 한 가지 알려 드릴 것이 있습니다. 저 말은 교회에 있던 말이라 다른 말과는 다릅니다. 말이 달리기를 원할 때는 '하느님'이라고 말하고, 멈추기를 원할 때는 '아멘'이라고 해야 합니다."

"그 정도라면 쉽지요. 한 번 타 봐도 될까요?"

"그렇게 하세요."

그는 말에 올라타서는 목장 주인이 말한 대로 "하느님!" 하고 외쳤다. 그랬더니 정말 신기하게도 말은 힘차게 달리기 시작했다. 정신없이 달리다 보니 어느덧 낭떠러지 끝이 보이기 시작했다.

그는 갑자기 겁이 나서 말을 멈춰야 한다는 생각에 "워워!" 하고 소리쳤으나, 말은 계속 달리기만 했다. 순간 목장 주인의 말이 생각나 "아멘!" 하고 외쳤더니, 놀랍게도 말이 우뚝 섰다. 아찔한 순간이었다.

그는 낭떠러지 끝에 말과 함께 서서는 안도의 한숨을 몰아쉬며 중얼거렸다.

"Oh, my God!"

기도의 조건

Insight

수도승이 어느 주막에 가면 그곳은 그의 기도실이 된다. 술주정뱅이가 어느 기도실에 가면 그곳은 그의 주막이 된다.

한 사람이 랍비에게 물었다.

"담배를 피우거나 술을 마시면서 기도를 하면 안 되나요?"

랍비가 대답했다.

"형제여, 기도는 하느님과 나누는 엄숙한 대화입니다. 기도 중에 담배를 피우거나 술을 마신다니요, 절대 그럴 수는 없습니다."

그러자 옆에서 그 이야기를 듣고 있던 사람이 랍비에게 물었다.

"랍비님. 저는 술을 마시거나 담배를 피울 때마다, 하느님께 기도하고 싶은 마음이 더 간절해집니다. 그럴 때 기도하고 싶은 마음을 억눌러야 하나요?"

랍비가 대답했다.

"형제여, 기도는 때와 장소가 필요 없습니다. 술을 마시거나 담배를 피우는 중에도 기도는 얼마든지 드릴 수 있습니다."

기도 1

Insight

자신이 하면 가장 쉬운 일조차도 기도로 대신하는 사람이 많다. 이번 달에는 조금 더 살만하게 해달라는 바람은 기도가 아니라, 생활 속에서 찾아야 한다!

마을에 소문난 부자가 살고 있었다. 그는 항상 가난한 이웃들을 위해 기도했다. 특히 가난한 이웃들을 불러와 함께하는 조찬기도는 하루도 빠뜨린 적이 없었다.

아침마다 부자의 집에 모이는 이웃들의 숫자는 부자를 포함해 5명이었다. 그런데 각각의 접시에 담긴 생선의 숫자가 달랐다. 세 사람은 접시에 생선이 한 마리씩 담겨 있었다. 그런데 부자의 접시에는 두 마리가, 가장 가난한 이웃의 접시는 비어 있었다.

부자가 엄숙한 목소리로 기도를 드렸다.

"일용할 양식이 없어 굶고 있는 저 가난한 이웃을 위해 기도합

시다."

부자의 기도는 경건했고, 그 목소리는 간절했다. 신께 저 가난한 이웃의 빈 접시를 채워달라고 눈물로 기도했다. 하지만 부자의 기도가 끝나도 여전히 가장 가난한 이웃의 접시는 비어 있었다.

접시가 계속 비어 있을수록 부자의 기도는 더 간절해졌다. 정성이 부족해 신께서 자신의 기도를 들어주지 않는다고 생각했다. 부자는 자신의 기도에 신께서 응답할 때까지 결코 조찬기도를 멈추지 않겠다고 스스로 다짐하고 또 다짐했다.

하지만 여전히 기도가 끝났을 때 부자의 접시에는 두 마리의 생선이, 가장 가난한 이웃의 접시는 비어 있었다.

기도 2

Insight

사람들은 서서히 부자가 되는 것보다 당장 다음 주 복권에 희망을 건다. 하지만 부자가 되는 것은 아이의 키가 자라는 것과 같다. 서서히, 그러다가 어느 순간, 훌쩍 자라 있다.

한 남자가 생활비와 카드 대금을 결제하느라, 힘든 시기를 보내고 있었다. 그는 생각했다.

'복권에 당첨되기만 한다면, 한 번에 해결될 텐데.'

그래서 그는 간절히 기도했다.

"복권에 당첨되는 것만이 제가 안고 있는 경제적 문제들을 해결할 수 있는 유일한 길입니다. 제발, 복권에 당첨될 수 있도록 도와주세요."

일 년 동안 하루도 빠짐없이, 그는 부지런히 기도를 드렸지만 번번이 당첨되지 않았다.

"내일은 꼭 될 거야!"

내일이 왔고 또다시 하루가 지났지만 그대로였다. 그는 포기하고 싶은 마음을 간신히 누르며 다시 기도했다.

"복권에 당첨될 수 있도록 도와달라고, 일 년이 넘게 간청하지 않았습니까? 그렇지만 여전히 이 모양입니다. 제가 무엇을 잘못하고 있는지 알려주세요. 그러면 고치도록 하겠습니다."

그러자 하느님이 대답했다.

"사랑하는 아들아, 먼저 복권부터 사거라!"

기도 3

Insight

온도계에 입김을 쐬어 눈금이 올라간다고 해서 밖의 온도가 올라간 것은 아니다. 기도가 그렇다. 정직하지 않는 기도는 백날 해봐야 소용없다.

한 가난한 농부가 밤늦게 시장에서 집으로 돌아가던 길이었다. 그런데 숲속 한가운데서 마차 바퀴가 빠져 꼼짝도 할 수 없었다. 이 불운한 사태에 임해 기도를 하려 했지만, 마침 기도책을 집에서 가지고 오지 않았음을 깨달았다. 그는 기도를 하지 못한 채 이 하루를 보내야 한다는 것에 마음이 아팠다.

그래서 그는 이런 기도를 했다.

"주님, 저는 아주 멍청한 짓을 했습니다. 아침에 집을 나설 때, 기도책을 잊고 그냥 나왔습니다. 워낙 기억력이 없어서 기도책 없이는 한 구절의 기도문도 외울 수가 없습니다. 그래서 말인데요,

제가 천천히 알파벳을 다섯 번 읊조리겠습니다. 그러면 모든 기도를 다 알고 계시는 당신께서 그 글자들을 조립하셔서, 제가 기억해낼 수 없는 기도문들을 만들어주십시오."

이 기도를 들은 주께서 천사들에게 말씀하셨다.

"참으로 소박하고 참된 마음에서 비롯된 이 기도는, 오늘 내가 들은 모든 기도 중에서 가장 훌륭한 기도였다."

잠시 후

Insight

someday는 월, 화, 수, 목, 금, 토, 일 어디에도 없다. '언젠가'는 결코 오지 않는 날이다. 뿌린 대로 거둔다. 왜 우리는 이 단순한 진리를 알면서도 실천하지 못하는 것일까? 제발, 요행을 바라지 마라.

한 가난한 사람이 숲속을 걸으며 신과 대화를 나누고 있었다.

그가 신께 물었다.

"신이시여, 백만 년은 신께 무엇입니까?"

신이 대답했다.

"나에게 백만 년의 시간은 잠시 후와 같다."

그러자 그가 또 물었다.

"천만 달러는 신께 무엇입니까?"

신이 대답했다.

"나에게 천만 달러의 가치는 1센트보다 적다."

그는 신의 말을 듣고 용기를 내서 부탁했다.

"그렇다면 신이시여, 저에게 천만 달러만 주실 수 있으십니까?"

이 부탁에 신은 너무 쉽게 허락했다.

"잠시 후에 주마!"

마술

Insight

사람이 곤경에 빠지는 건 뭔가를 몰라서가 아니다. 뭔가를 확실히 안다는 착각 때문에 빠진다. 또 그런 일이 일어날 수 있다는 것을 모르는 것이 아니라, 그런 일이 일어나지 않으리라는 믿음 때문에 더 큰 위험에 처한다.

유대인과 아랍인이 빵집에 갔다. 아랍인은 빵 3개를 훔쳐 주머니에 넣었다. 아랍인이 의기양양하게 유대인에게 말했다.

"내가 얼마나 잘하는지 봤지? 주인은 아무것도 못 봤어!"

유대인은 아랍인에게 말했다.

"유대인보다 잘하는 사람이 없다는 걸 보여주겠어."

유대인이 빵집 주인에게 가서 말했다.

"빵 하나 주시면 신기한 마술을 보여드리지요."

주인은 영문을 모른 채 빵 하나를 유대인에게 줬다. 유대인은 그걸 재빨리 삼키고는 또 하나를 달라고 했다. 그렇게 빵 3개를 연거푸 먹고 빈손을 보여줬다.

주인이 유대인에게 따졌다.

"그게 무슨 마술입니까? 절 속이려는 거예요?"

유대인이 대답했다.

"저기 서 있는 아랍인의 주머니를 확인해보세요."

명예

Insight

허수아비에 앉아본 새에게 그것은 더 이상 두려운 존재가 아니다. 두려운 존재가 아니라, 두려운 생각이 있을 뿐이다.

어느 젊은 작가가 마크 트웨인을 찾아와서는 자신은 점점 작가로서의 능력을 상실해 가는 것 같아서 두렵다고 고백했다. 그리고 마크 트웨인에게 물었다.

"선생님께서도 그런 감정 때문에, 두려워해본 적이 있으시나요?"

마크 트웨인이 대답했다.

"딱 한 번 있었지요. 글쓰기를 시작하고서 15년이 지난 어느 날이었지요. 문득 내 능력이 점점 부족해진다는 생각에 두려움이 찾아왔지요."

"그럼, 그때 어떻게 하셨습니까? 글쓰기를 단념하셨나요?"

"어떻게 그럴 수 있겠소. 그때 이미 나는 유명해져 있었는데 말이오."

게으름과 운

Insight

남의 가난은 '게으름' 때문이고 자신의 가난은 '운이 나빠서'다. 남의 불행은 그가 지은 '죄' 때문이고 자신의 불행은 '재수가 없어서'다.

마을에 소문난 부자가 살고 있었다. 그 집 앞에는 아침마다 거지가 찾아와 문을 두들겼다. 그럴 때마다 부자는 동전 몇 닢을 거지에게 줬다. 동전을 주면서 거지에게 설교를 빠트리지 않았다.

"남을 원망하지 마시오. 당신의 가난은 당신의 게으름 때문이오."

그런데 부자에게 커다란 시련이 찾아왔다. 보증을 서 준 친구가 도망을 친 것이다. 부자는 친구의 빚을 갚느라, 모든 재산을 빼앗기고 감옥까지 가게 되었다. 몇 년이 지나 형기를 마쳤지만, 그는 돌아갈 곳이 없었다.

너무나 배가 고픈 나머지 가장 큰 집을 찾아가 문을 두들겼다.

"너무나 배가 고파서 그럽니다. 한 푼만 도와주세요."

그는 문을 열고 나온 남자를 보고 깜짝 놀랐다. 예전에 자신의 집을 찾아와 구걸하던 그 거지였다. 집 주인은 동전 몇 닢을 남자에게 줬다. 동전을 주면서 설교를 했다.

"남을 원망하지 마시오. 당신의 가난은 당신의 게으름 때문이오."

집 주인의 말을 들은 남자는 너무나 억울한 표정을 지으며 소리쳤다.

"나는 게으르지 않았소. 다만 운이 나빴을 뿐이오!"

특별한 치료

Insight

병을 고치는 가장 현명한 방법이 있다. 바로 자기와 같은 병으로 고생해본 의사를 찾아가는 것이다.

통증을 잘 치료하기로 유명한 의사가 있었다. 소문을 듣고 치통으로 고생하고 있던 부인이 의사를 찾아갔다. 부인의 미모에 반한 의사가 흑심을 품었다.

"치통이 심하신 모양입니다. 제가 부인을 위해 다른 사람에게는 하지 않는 특별한 시술을 해드리도록 하겠습니다."

의사는 재빨리 부인을 끌어안고 키스를 퍼부었다. 놀란 부인은 도망치듯 병원을 빠져나왔다.

얼마 지나지 않아, 부인과 부인의 남편이 함께 의사를 찾아왔다.

남편이 말했다.

"당신의 특별한 비법 때문에 제 아내의 치통이 깨끗이 사라졌습니다. 저는 오랫동안 치질로 고생을 하고 있습니다. 제발 그 특별한 비법으로, 제 통증도 치료해주시기 바랍니다."

좌우명

Insight

말하는 것을 믿지 말고 행동하는 것을 믿어라. 행동 없이, 오직 말로 사는 사람들은 결국엔 끝장나고 만다.

어떤 거지가 지나가던 사람의 소매를 부여잡으며, 커피 한 잔 사 마실 돈을 구걸했다. 그 거지가 커피 한 잔의 돈을 구걸하기 위해 늘어놓은 이야기는 다음과 같았다.

"선생님, 한때는 저도 선생님처럼 부유한 사업가였습니다. 저는 하루 종일 정말 열심히 일했습니다. 책상 위에는 이런 좌우명이 항상 놓여져 있었지요."

'창의적인 사고를 하라, 단호하게 행동하라, 모험 속에 살아라.'

"저는 이 좌우명을 그대로 실행했고, 돈은 계속 불어났습니다. 그런데, 그런데……."

거지는 흐느껴 울면서 말을 계속했다.

"그런데 그만 청소부 아주머니가 쓰레기와 함께 내 좌우명을 내다 버렸지 뭡니까."

두 소년

Insight

뫼비우스 띠는 안과 밖의 구분이 없다. 세상을 살다보면 뫼비우스 띠처럼 더러움과 깨끗함, 선함과 착함의 구분이 모호할 때가 많다. 당신은 어느 쪽인가?

한 남자가 랍비에게 탈무드를 공부하고 싶다고 부탁했다. 하지만 랍비는 탈무드를 공부하기 위해서는 많은 준비가 필요하다면서, 당신은 아직 준비가 되어 있지 않다고 거절했다.

남자가 포기하지 않고 간곡하게 부탁을 거듭하자, 랍비가 물었다.

"두 소년이 굴뚝을 청소한 뒤에 한 소년은 새까맣게 더러워진 얼굴로, 또 한 소년은 깨끗한 얼굴로 내려왔소. 당신은 어느 소년이 얼굴을 씻을 거라 생각하시오."

"당연히 그을음으로 얼굴이 더러워진 소년이 먼저 씻겠지요."

"그래서 당신은 아직 탈무드를 공부할 준비가 되어 있지 않다는 것이오. 만약 당신이 탈무드를 공부했다면 이렇게 대답을 했을 거요. 얼굴이 더러운 소년은 깨끗한 얼굴의 소년을 보고 자신의 얼굴 또한 깨끗하다고 생각했을 것이고, 반면에 깨끗한 얼굴의 소년은 더러운 얼굴의 소년을 보고 자기의 얼굴도 더러우리라 생각했을 것이오."

랍비의 설명이 끝나자, 남자가 기쁨을 참지 못하고 말했다.

"아, 이제 깨달았습니다."

그리고 그는 다시 한 번 기회를 달라고 요청했다. 랍비는 앞서와 똑같이 남자에게 물었다.

"두 소년이 굴뚝을 청소한 뒤에 한 소년은 새까맣게 더러워진 얼굴로, 또 한 소년은 깨끗한 얼굴로 내려왔소. 당신은 어느 소년이 얼굴을 씻을 거라 생각하시오."

"당연히 얼굴이 더러운 소년을 보고 자기도 더러울 거라 생각한 얼굴이 깨끗한 소년이 먼저 씻겠지요."

"그래서 당신은 아직 탈무드를 공부할 준비가 되어 있지 않다는 것이오. 두 소년이 똑같이 굴뚝을 청소했다면, 한 소년은 얼굴이 더러워졌는데 한 소년이 깨끗할 리가 없지 않겠소?"

과부의 아들

Insight

못생긴 나무가 산을 지킨다. 벼랑 끝에 핀 꽃이 더 아름답다. 손에 닿지 않는 별이 방향을 알려준다.

과부에게 아들이 하나 있었다. 그녀는 아들을 위해 평생을 희생하며 살기로 마음먹었다. 아들이 눈곱만한 괴로움과 걱정이 없도록 구석구석 마음을 썼다.

그런데 그녀가 정성과 사랑을 바칠수록, 금지옥엽 싸고돌수록 아들은 웃음을 잃어가면서 연약해졌다. 아들의 웃는 모습을 보려고 갖은 애를 썼지만, 아들은 누렇게 뜬 얼굴로 하품만 해댔다.

결국 그녀는 아들에게 돈을 물 붓듯 쏟아부은 바람에 남편이 남겨준 많은 재산을 모두 날리고 말았다. 그녀는 어쩔 수 없이 집도 팔고 일자리를 구했다. 아들의 가정교사들도 내보냈기 때문에, 그 귀한 자식을 학교에 보내야만 했다.

학교에서 아이는 개구쟁이 친구들의 짓궂은 신고식을 치르고, 날마다 장난질에 시달렸다. 그녀는 아들 때문에 자나깨나 걱정이 태산이었다.

그런데 어찌 된 셈인지 학교를 다니고부터는 몰라보게 잘 웃고 씩씩해지기 시작했다. 아들은 또래 친구들의 틈바구니에서 부대끼면서 비로소 인생의 단맛, 신맛, 쓴맛, 매운맛을 골고루 맛봤다.

그 덕에 엄마가 줄곧 가로막고 있던 행복의 문을 발견해냈다. 행복이 찾아오면서, 아들은 웃음을 되찾고 단단해졌다.

가장 맛있는 음식 1

Insight

최고의 단맛은 100%에 있지 않다. 고수들은 안다. 100%의 단맛에 쓴맛 1%를 첨가하면 200%의 단맛을 낸다는 사실 말이다.

식도락을 즐기는 왕이 있었다. 세상을 먹는 낙으로 산다 해도 과언이 아니었다. 왕은 세상의 산해진미를 맛보고도 성에 차지 않았다. 그래서 왕은 제일 맛난 요리를 차려낸 사람한테 큰 상금을 내리겠다고 공표했다.

나라의 내로라하는 요리사들이 앞다투어 달려들었다. 왕은 매일 상다리가 휘게 차려진 음식을 골고루 맛보고는 밤이 되면 수첩에 오늘 맛본 음식에 대해 기록했다.

나라의 내노라하는 요리사들의 음식이 거의 끝나갈 즈음, 깊은 산에서 내려왔다는 늙은이가 왕을 찾아왔다.

"폐하, 이 늙은이를 따라나서면 평생 한 번도 맛보신 적이 없는 진미 중의 진미를 대접할 집으로 모시겠습니다."

왕은 당장 북을 울리고 호위대를 소집해 늠름한 백마에 올라타서는 길을 나섰다. 일행은 하루 종일 전속력으로 달렸다. 이따금 왕이 얼마나 더 가야 하냐고 늙은이에게 물었다.

하지만 늙은이는 세상에 없는 진미 중의 진미를 맛보려면 서두르지 말라고 눈짓을 줬다. 왕은 자신의 왕국을 그렇게 오랫동안 달려본 적이 없었다.

그들은 들판을 가로지르고, 언덕을 넘고, 냇물을 건넌 끝에 험한 산을 오르기 시작했다.

늙은이가 장담하면서 말했다.

"거의 다 왔습니다! 이 산꼭대기 오두막에 왕께서 맛보실 진미한 음식이 있습니다. 절대 후회하지 않으실 겁니다!"

한참을 더 고생하고 나서야 산꼭대기의 누추한 오두막이 눈에 들어왔다. 하지만 길이 너무 가파라서, 결국 말에서 내려 걸어야 했다. 왕이 오두막에 도착했을 때는 온몸이 땀으로 범벅이 되었고, 배가 고파 죽을 지경이었다.

늙은이가 말했다.

"잠시만 기다리십시오. 곧 화덕에 불을 지필 테니까요."

왕이 펄쩍 뛰며 말했다.

"뭣이! 그렇다면 네가 요리사란 말이냐? 조수도 없이 혼자 요리를 한다고?"

늙은이가 천연덕스럽게 말했다.

"폐하, 그러지 마시고 이걸 좀 보십시오. 언덕을 올라오는 길에 버섯을 좀 땄습니다. 틀림없이 맛이 좋을 겁니다."

왕은 기막혔지만 지금은 배가 등에 붙기 직전이었고, 뭐라도 빨리 먹고 싶다는 생각뿐이었다. 조금 기다리자, 부엌에서 지글지글 버섯 굽는 소리가 들리고 고소한 기름 냄새가 코를 찔렀다. 늙은이가 왕에게 내온 진미 중의 진미는 특별한 음식이 아닌 버섯 오믈렛이었다.

왕은 게 눈 감추듯 접시를 비웠다. 이번엔 수첩에 적고 말고 할 것도 없었다. 두말할 나위 없이 그 버섯 오믈렛이야말로 난생 처음 맛보는 최고의 요리였다.

왕은 난생 처음으로 진짜로 배가 고팠기 때문이다.

가장 맛있는 음식 2

Insight

함께한다. 함께 나눈다. 더불어 함께 나누어 즐겁다. 이 맛은 참 좋은데, 직접 경험하기 전까지는 어떻게 설명할 방법이 없다.

한 부인이 누군가 현관문을 두드리는 소리에 문을 열고 보니, 그곳에는 매우 잘 차려 입은 신사가 먹을 것을 청하며 서 있었다. 그러자 부인은 난처한 표정을 지으며 말했다.

"미안하지만 지금 집에는 먹을 것이라곤 하나도 남은 게 없군요."

그러자 신사가 말했다.

"걱정할 것 없습니다. 저를 집 안으로 들여보내 주시기만 한다면 제가 갖고 있는 '수프를 만드는 돌'로 수프를 만들어드리겠습니다. 아주 간단합니다. 끓는 물에 이 돌을 넣기만 하면 세상에서 다시는 맛볼 수 없는 수프가 되는 것입니다. 가능한 제일 큰 그릇을 준비해주십시오."

신사의 말에 마음이 끌린 부인은 그를 집 안으로 들어오도록 허락한 다음, 커다란 냄비에 물을 붓고 불 위에 올려놓았다. 그리고는 이웃집으로 건너가 그 수프를 만드는 돌에 대해 이야기했다. 그러자 소문이 온 마을에 퍼졌고, 물이 끓을 때쯤에는 소문을 들은 마을 사람들이 그 부인의 집으로 몰려왔다.

신사는 끓는 물에 돌을 넣고는 물을 한 스푼 떠서 맛을 봤다. 그리고는 감탄하며 말했다.

"음, 근사해. 여기에 감자만 조금 넣으면 되겠어."

그러자 구경하던 한 부인이 "감자라면 저희 집에 조금 있어요."라고 큰 소리로 말하더니, 집으로 달려가 매우 많은 감자를 잘게 썰어 가지고 와 끓는 물속에 넣었다.

그리고는 다시 수프의 맛을 보고 나서, 신사가 말했다.

"고기가 조금 있으면 정말 기막힐 텐데."

그러자 다른 한 부인이 집으로 달려가 고기를 가져다줬다. 신사는 냄비에 고기를 모두 넣고는 다시 맛을 봤다.

"오, 이 맛이라니! 야채를 조금만 넣으면 그야말로 진미가 될 텐데."

한 부인이 집을 향해 달려 나가더니, 조금 후에 바구니에 당근과 양파 등 야채를 가득 담아 들고서 나타났다.

신사는 그것을 냄비 속에 넣고 한 스푼 맛을 보더니 말했다.

"소금과 간장!"

"여기 있어요."

집 주인이 소금과 간장을 건네주고 나자, 또다시 말했다.

"그릇."

그러자 사람들은 모두 자기 집에 가서는 그릇을 가져왔다. 빵과 과일을 가지고 온 사람들도 있었다. 사람들은 모두 식탁에 둘러앉았고, 그 낯선 신사와 몇 명의 부인들이 수프를 그릇에 옮겨 담았다.

이웃 사람들은 그런 식사를 해본 적이 한 번도 없었다. 그들은 즐거운 얘기를 나누며, 마음껏 웃고 떠들며 식사 시간을 보냈다. 그들이 한창 즐거이 떠드는 가운데, 그 낯선 방문객은 '수프 만드는 돌'을 그대로 남겨 둔 채, 조용히 어디론가 사라졌다.

이후에도 이웃 사람들은 언제든지 원할 때면 그 맛있는 수프를 만들 수 있었다.

변명

Insight

다른 변명은 필요 없다. 단 한 가지 이유면 충분하다. 그래서 나쁜 변명은 아무 말도 하지 않는 것보다 못하다.

왕이 화려한 격식을 차리면서 수행원들을 거느리고 도시 안으로 입성했다. 그러나 왕을 환영하는 예포가 울리지 않았다.

왕은 시장을 불러 추궁했다.

"어째서 감히 예포를 쏘지 않는 것이냐?"

"폐하, 물론 저희는 폐하를 맞이하여 기꺼이 예우의 표시로 예포를 쏘았어야 합니다. 그러나 부득이 그렇게 하지 못한 100가지 이유가 있습니다."

"오호! 그래. 그 100가지 이유라는 게 무엇인지, 어디 한 번 들어보자."

"그 첫 번째 이유는 저희에게는 대포가 없습니다."

"됐다. 그거면 충분하다."

왕은 껄껄 웃으며 말했다.

"다른 99가지 이유들이 그 첫 번째 이유보다 더 확신을 주지는 못할 것이다."

가난

Insight

가난은 내게 돈이 없어서가 아니라, 내가 돈이 없다고 느끼는 순간부터 시작된다. 부자가 되려면 가난이 익숙하지 않고 불편해야 한다.

한 젊은이가 물려받은 재산을 몽땅 탕진해 버렸다. 그렇게 되자 어찌할 바를 모르게 된 그는 현자를 찾아가 도움을 청했다.

"저는 앞으로 어떻게 될까요? 돈도 없고 친구들도 모두 제 곁을 떠나가 버렸습니다."

"아무런 걱정도 하지 말게. 다 잘 풀릴 것일세."

"제가 다시 부자가 될 수 있다는 말씀이군요."

"아니, 무일푼으로 살아가는 데에 익숙해질 거라는 말일세."

어린이의 가르침

Insight

어린이는 하루에 98번 새로운 시도를 하고, 113번 웃으며, 65회 질문한다. 어른은 하루에 2회 새로운 시도를 하고, 11번 웃으며, 6번 질문한다. 어린이에게 배워라.

어린이는 세 가지를 어른에게 가르쳐준다.

"이유 없이 즐겁다."

"잠시도 쉬지 않는다."

"바라는 것은 꼭 손에 넣는다."

태도

Insight

시선이 다르면 까다로운 사람도 카리스마로 보일 수 있고, 부드러운 사람도 나태해 보일 수 있다. 입장 차이는 시선을 다르게 한다.

어떤 부자가 다른 도시에서 공부하고 있던 아들로부터 편지를 받았다. 그는 비서에게 그것을 읽도록 시켰다. 기분이 내키지 않았던 비서는 불쾌하고 성마른 목소리로 아들의 편지를 읽었다.

"아버지! 저에게 빨리 돈 좀 보내줘요! 저는 새 신발과 옷이 필요해요!"

아들의 편지 내용을 들은 아버지는 화를 내며 소리쳤다.

"무례한 녀석! 어떻게 감히 그런 불손한 태도로 애비에게 편지를 쓸 수 있단 말인가? 어디 한 푼이라도 보내주나 봐라."

아들의 편지 때문에 속이 상한 아버지가 집에 돌아와, 아내에게 편지를 건네주면서 말했다.

"우리가 곱게 키운 자식이 편지를 어떻게 썼는지 보구려!"

그녀는 아들의 편지를 보는 순간, 아들이 너무 그리웠다. 그래서 아주 부드럽고 애절한 목소리로, 마치 기도하는 목소리로 편지를 읽기 시작했다.

"아버지! 제발 저에게 돈을 보내주세요! 저는 새 신발과 옷이 간절히 필요합니다!"

아버지가 가만히 듣더니 부드러운 목소리로 말했다.

"그래, 그렇게 공손하게 편지를 해야지! 여보, 어서 돈을 부쳐줘. 진작 그렇게 나올 것이지."

바퀴자국

Insight

늦었다고 생각할 때는 정말 늦은 때다. 오늘 잘못된 것은 오늘 고쳐라. 내일 슬퍼할 일이 사라진다.

크게 장사를 하는 어느 상인이 짐을 가득 실은 여러 대의 마차를 이끌고 장삿길을 가고 있었다. 그런데 눈이 내리기 시작하여 광야는 금세 눈으로 뒤덮였다. 마차들은 눈길 속에서 길을 잃었다. 목적지로 가는 길을 잃고 숲속으로 그만 들어서고 만 것이다. 실컷 고생한 끝에 가까스로 가는 길을 찾을 수 있었다.

그때 상인은 깊은 한숨을 쉬며 한탄했다. 그러자 상인 옆에 마차꾼이 물었다.

"길을 찾았는데, 왜 그리 한탄하십니까?"

"나는 지금까지 길을 잃었던 적이 여러 번 있었네. 그때마다 고생 끝에 바른 길로 되돌아가야 했지. 마차 한 대가 길 위에 남기는 바퀴자국은 바람이나 눈에 금방 지워지네. 하지만 이렇게 무거운 짐을 실은 여러 대의 마차가 길을 잘못 들면 바퀴자국이 깊게 남을 게 아닌가? 그러면 앞으로 또 얼마나 많은 마차가 그것이 바른 길인 줄 알고, 내 바퀴자국을 따라오다가 길을 잃을 것인가."

협상 1

Insight

우리 마음속에 있는 이기주의는 얼마나 많은지, 잡아내도 잡아내도 끝없이 딸려 나온다.

두 친구가 오래도록 길을 걷다가 밤이 되서야 마을에 도착했다. 그들은 갈증도 나고 배도 고팠지만 돈이 부족했다. 그래서 그들은 음식점에서 우유 한 잔을 시켜놓고 마주앉았다.

한 친구가 먼저 제안했다.

"자네가 먼저 절반을 마시게."

"아냐, 자네가 먼저 마시게. 나는 아직 설탕 한 조각을 가지고 있으니까, 이걸 내가 마실 절반의 우유에 넣을 걸세."

"그러면 그 설탕을 여기에 지금 넣게. 그러면 우리 둘 다 그 설탕 맛을 볼 수 있지 않겠나?"

"그건 안 된다네. 이 설탕은 우유 한 잔에 넣기에는 너무 작아."

화가 난 친구는 일어서더니 소금 그릇을 가지고 왔다.

"내가 마실 절반의 우유에 소금을 넣어 간을 맞췄네. 하지만 걱정하지 말게. 자네가 마실 절반의 우유는 남겨 놓을 테니까."

협상 2

Insight

내가 하기 싫은 일은 남들도 하기 싫다. 그래서 협상의 기술 중 가장 큰 힘을 발휘하는 것이 역지사지다. 신발을 바꿔 신어보라.

오빠와 동생이 더 큰 파이를 먹기 위해서, 서로 파이를 자르겠다고 다투고 있었다. 동생보다 힘이 센 오빠가 칼을 빼앗아 자기 몫을 크게 자르려고 했다. 자기 몫이 작아질 거라 생각한 동생은 큰소리로 울었다. 이 모습을 지켜보고 있던 엄마가 나섰다.

"잠깐! 아들아, 네가 힘으로 칼을 빼앗아 파이를 자르게 되었으니, 동생도 한 번의 선택은 할 수 있어야 하지 않겠니? 네가 파이를 자르면 잘린 파이를 선택하는 것은 동생이 하도록 하자구나."

이 말을 듣자, 오빠는 정확하게 파이를 반으로 잘랐다.

천만다행

Insight

지키고 싶은 것이 있는 사람은 힘이 세다. 그래서 소중한 것을 지닌 사람은 쉽게 해칠 수 없다. 돈이나 금붙이가 아니라 사랑하는 사람, 가족, 꿈 등 간절히 지키고 싶은 그 무엇이다.

한 부자가 밤중에 외진 골목길을 걷고 있는데, 세 명의 강도가 그를 공격했다. 부자는 피투성이가 될 만큼 격렬하게 저항했다. 오랜 격투 끝에 부자는 의식을 잃고 쓰러졌다.

강도들은 많은 전리품을 기대하고서 부자의 주머니를 뒤졌다. 그러나 놀랍게도 주머니에는 10달러밖에 없었다.

"고작 10달러라니."

강도 중 한 명이 얼굴에 흐르는 피를 닦으면서 말했다.

"우리는 운이 좋은 거야. 만일 그 부자가 100달러라도 가지고 있었다면, 아마도 그는 우리를 죽이고 말았을 거야!"

복수와 증오

Insight

복수와 증오는 한 끗 차이다. 복수로는 이길 수 없는 것들도 때로는 증오로 이긴다. 하지만 용서할 수 없는 마음을 품고 사는 증오는 나 자신에게 해롭다.

어떤 사람이 이웃에게 낫을 좀 빌려달라고 부탁했다. 그러나 이웃은 딱 잘라 거절했다.

얼마 후 그 이웃이 찾아와 말을 좀 빌려달라고 부탁했다. 그러자 지난 일을 핑계로 거절했다.

"당신이 낫을 빌려주지 않았는데, 내가 말을 빌려줄 것 같습니까?"

이것은 복수다.

어떤 사람이 이웃에게 낫을 좀 빌려달라고 부탁했다. 그러나 이웃은 딱 잘라 거절했다.

얼마 후 그 이웃이 찾아와 말을 좀 빌려달라고 부탁했다. 그러자 그는 이렇게 말하면서 말을 빌려줬다.

"당신은 내게 낫을 빌려주지 않았지만, 나는 당신에게 말을 빌려드리겠습니다."

이것은 증오다.

험담 1

Insight

밝게 빛나는 밤하늘의 별을 보기 위해서는 우선 주위에 켜 있는 불을 꺼야 한다.

목사 세 사람이 낚시를 즐기고 있었다. 한 사람이 두 친구에게 말했다.

"주변에 신도들도 없으니, 우리 한 번 솔직해져 보는 게 어떻겠나? 서로 완전히 속마음을 열고 자신이 저지른 죄를 고백해보세. 나는 말일세, 돈이 무척 좋다네. 하지만 빈약한 목사 월급으로는 사고 싶은 것을 모두 살 수 없어서, 헌금 바구니에서 돈을 슬쩍한 적이 있네."

두 번째 목사가 말했다.

"서로에게 정직해보자는 거니까, 나도 털어놓겠네. 나는 도박을 즐겼다네. 나는 뭐든 돈을 걸어야지 직성이 풀린다네. 야구나 축구 경기 특히 경마를 제일 좋아하네."

세 번째 목사는 잠자코 침묵을 지켰다. 한참을 기다리던 두 친구가 그를 채근했다.

"우리는 모두 죄를 고백하지 않았나. 그러니 이제는 자네 차례일세. 자네가 저지른 죄 중에서 가장 용서받기 힘든 게 뭔가?"

드디어 그가 마지못해 입을 열었다.

"내 죄는 험담하는 것을 즐기는 것일세. 벌써부터 집에 돌아가는 것이 기다려지는군."

험담 2

Insight

험담은 세 사람을 죽인다. 험담하는 사람, 험담을 당하는 사람, 험담을 듣는 사람.

아름다운 세 딸을 둔 아버지가 있었다. 그런데 세 딸들은 한 가지씩 결점을 가지고 있었다. 첫째 딸은 게으름뱅이고, 둘째 딸은 도벽이 심하며, 막내딸은 함부로 남을 험담했다.

어느 날 세 아들을 가진 사람이 세 딸의 아버지를 찾아와 딸들을 자기 며느리로 줄 수 없겠느냐고 부탁했다. 세 딸의 아버지는 자기 딸들에게 이런저런 결점이 있노라고 솔직히 고백했다. 시아버지가 될 사람은 그런 정도의 흠은 자기가 책임을 지고 고칠 수 있으니 염려 말라고 안심시켰다. 그리하여 세 자매는 세 형제에게 시집을 갔다.

세 며느리를 맞이한 시아버지는 먼저 게으름뱅이 며느리에게는 많은 몸종을 딸려 보냈다. 그리고 도벽이 있는 며느리에게는 창고의 열쇠를 내줬다. 남을 험담하기를 좋아하는 며느리에게는 매일 아침마다 일찍 일어나게 한 다음 "오늘은 누구를 헐뜯고자 하느냐?"고 물었다.

얼마 후 친정아버지가 시집 간 딸들이 궁금해 사돈네 집을 찾아갔다. 큰딸은 마음대로 게으름을 피울 수가 있어 행복하다고 했다. 둘째 딸은 갖고 싶은 것은 언제라도 마음껏 가질 수 있어 행복하다고 했다. 그러나 막내딸은 시아버지가 자신에게 매사를 꼬치꼬치 따지곤 하는 일이 괴롭다고 했다.

친정아버지는 두 딸의 말은 믿었으나, 막내딸의 말만은 곧이듣지 않았다. 왜냐하면 막내딸은 자기 시아버지를 험담하고 있었기 때문이었다.

결혼

Insight

노처녀와 노총각이 될수록 눈이 높아진다. 외모, 학벌, 경제적 능력보다 더 귀한 것들이 보이기 때문이다. 바로 사람을 보는 눈이다. 결혼의 조건 중에 '내 아이의 엄마나 아빠가 될 사람'을 찾는 것만큼 까다로운 게 또 있을까?

잘생긴 노예에게 반해 결혼하고 싶어 하는 공주가 있었다. 왕이 아무리 설득하고 협박해도 공주는 막무가내였다. 어느 날 한 지혜로운 노학자가 왕을 뵙게 되었는데, 그 사정 얘기를 듣고는 이렇게 말했다.

"폐하의 방법에 문제가 있는 것 같습니다. 공주님의 결혼을 반대할수록 공주님은 폐하를 원망하게 될 것이고, 오히려 그 노예에게 마음이 더 끌리게 되는 것입니다."

"그러면 대체 어떻게 하면 좋겠나?"

왕이 묻자, 노학자는 한 가지 방법을 제시했다. 왕은 미덥지는 않았으나 한 번 시험해보기로 하고, 그 노예와 공주를 불러다 놓고 말했다.

"이 남자에 대한 너의 사랑이 어느 정도인지 시험해보겠다. 그 남자와 함께 30일간 조그마한 방 안에 갇혀서 지내보아라. 그 기간이 지나고 나서도 여전히 그와 결혼하고 싶다면, 그때에는 네 청을 들어주겠다."

공주는 너무나 기쁜 나머지 아버지를 끌어안고서 어쩔 줄 몰라 했다. 며칠 동안은 아무 무리가 없었으나 얼마 지나지 않아, 공주는 권태롭기 시작했다. 일주일도 못돼서 다른 사람들을 그리워하게 되었고, 그 남자의 모든 말과 행동에 화를 내게 되었다.

두 주일이 지나고 나서는 더 이상 참을 수가 없어서 소리를 치며 방문을 두드려 댔다.

마침내 그 방에서 풀려나게 된 공주는 아버지에게 달려가 양팔로 끌어안으며, 이제는 소름끼치도록 싫어진 그 남자에게서 자신을 구해준 것을 몹시 고마워했다.

이혼

Insight

결혼은 새장과도 같다. 새장 밖에 있는 새들은 새장 안으로 들어오려고 애쓰고, 새장 안에 새들은 밖으로 나가려고 발버둥친다.

어느 부인이 랍비를 찾아왔다. 남편과 살 수 없다며 이혼하고 싶다고 말했다. 그런데 이혼에 걸림돌이 되는 것이 하나 있었다. 자녀가 아홉 명이라, 헤어지면 같은 숫자로 나눌 수 없어서 난감하다고 말했다. 그러자 랍비가 말했다.

"조금 더 살다가 아이가 하나 더 생기면, 그때 이야기하면 어떨까요?"

1년 반이 지난 후, 랍비는 다시 길에서 우연히 그 부인을 만났다.

"부인, 아이를 낳으셨다고 들었는데요. 지금은 이혼을 하셨습니까?"

부인이 말했다.

"아니요, 아이를 낳기는 했는데 그만 쌍둥이를 낳았지 뭐에요."

일머리

Insight

일머리가 없는 사람은 항상 바쁘고, 마무리가 안 되고, 남들 쉴 때 일하고, 쉬운 일도 어렵게 만든다. 그래서 부자들 중에는 공부 머리보다 일머리가 좋은 사람이 많다.

아버지가 아들에게 담배 심부름을 시켰다. 아들이 담배를 사 오자, 아버지가 영 못마땅한 표정으로 말했다.

"그것밖에 머리가 안 돌아가서 어떻게 세상을 살아가겠느냐? 담배를 사 왔으면 성냥도 함께 가지고 와야지!"

아버지가 아들에게 또 담배 심부름을 시켰다. 이번에는 담배와 성냥을 함께 드렸다. 그러나 이번에도 아버지는 영 못마땅한 표정으로 꾸중했다.

"그것밖에 머리가 안 돌아가서 어떻게 세상을 살아가겠느냐? 담배와 성냥만 가져오면 뭐하느냐. 재떨이도 함께 준비해서 와야지!"

아버지가 아들에게 또 담배 심부름을 시켰다. 이번에 아들은 담배와 성냥은 물론 재떨이까지 준비해 가져갔다. 그러나 아버지는 영 못마땅한 표정으로 다시 꾸중했다.

"담배를 피면 연기가 나오겠지?"

창문을 조금 열어 놓으라는 뜻이었다.

누가 주인인가?

Insight

세월은 시력을 앗아가지만, 사람의 진면목을 볼 수 있는 새로운 시력을 선물해준다. 사람을 제대로 보는 눈을 키워라.

한 남자가 있었는데, 그는 시편을 모두 암송할 정도로 신앙심이 깊었다. 토라에 박식하여 랍비라고 불릴 정도였다.

그런데 그는 너무나 가난했다. 그래서 잔치에 초대받으면 늘 음식을 봉지에 담아다가 아내와 자식들을 먹이곤 했다. 하지만 이를 나쁘게 말하는 사람들은 없었다.

사람들은 잔치에 가면 이 남자에게 늘 뒷자리에 앉게 했다. 음식은 언제나 앞자리부터 제공되었기에, 남자의 차례가 되면 음식이 떨어지곤 했다.

남자가 중얼거렸다.

"나는 토라를 잘 아는데 늘 뒷자리에 앉고, 저들은 토라도 모르는데 언제나 앞자리에 앉는 이유는 무엇일까? 저들은 옷을 잘 입고, 나는 거지같이 입고 있기 때문이다."

그런데 어느 날 부유한 유대인이 말년을 예루살렘에서 보내기 위해 귀국하게 되었다. 그래서 가지고 있던 물건들을 경매에 붙여 팔았다. 그러나 한 가지를 남겨 두었다. 그의 아버지가 물려주신 비단 프록코트였다.

그는 남자를 불러 말했다.

"자네는 훌륭한 사람이네. 자네의 부친과 내 아버지는 친구였지. 그러니 이 코트를 자네에게 주고 싶네. 마지막 이별 선물이네."

이 코트는 대단히 비쌌다. 이튿날 그는 코트를 입고 잔치에 참석했다. 당장 앞자리가 배정되었다. 그리고는 최상의 요리를 제공받았다. 맛있게 요리를 먹은 그는 나머지 음식을 주머니에 넣었다. 고기, 생선, 밥, 콩, 그리고 여러 종류의 과자들이었다.

남자는 사람들이 쳐다보는 것을 느끼고는 그들이 들으라는 듯이 큰소리로 노래를 부르기 시작했다.

내 코트여!

마음껏 마셔라.

너의 배를 맛있는 요리와 포도주로 가득 채워라.

나는 너의 주인이 아니다.

네가 나의 주인이다.

이 명예는 모두 너의 것이다.

가정의 평화 1

Insight

대문으로 가난이 찾아오면 사랑은 창문으로 도망친다. 하지만 아이러니컬하게도 불황이 오면 집을 잃는 사람이 많지만, 호황이 다시 찾아오면 가정을 잃는 사람이 많아진다.

설교를 잘하기로 널리 이름난 랍비가 있었다. 그는 매주 금요일 밤이면 회당에서 설교했다. 그의 설교를 듣기 위해 많은 사람들이 회당으로 몰려들었다. 그들 가운데 한 여인이 있었다.

다른 여인들은 금요일 밤이면 다음 날 안식일에 먹어야 할 음식들을 준비하느라 바쁜데, 그녀는 설교를 들으러 매사를 제쳐놓고 오는 것이었다. 그녀는 그날도 긴 시간 동안 설교를 듣고 나서 흐뭇한 마음으로 집에 돌아갔다.

그런데 문 앞에서 그녀가 오기만 기다리고 있던 남편이 화를 내며 소리를 질렀다.

"내일이 안식일인데, 음식을 장만할 생각도 하지 않고 도대체 어딜 갔다 오는 거야!"

그녀가 남편의 카랑카랑한 물음에 대답했다.

"회당에서 랍비님의 설교를 듣고 왔어요."

그러자 남편은 더욱더 화가 나서 큰소리로 말했다.

"그 랍비인가 뭔가 하는 자의 얼굴에 침을 뱉고 오기 전에는 집에 발도 들여놓지 못하게 할 테다!"

남편한테 쫓겨난 그녀는 하는 수 없이 친구의 집으로 가 머무르고 있었다. 이 소문을 전해 들은 랍비는 자신의 설교가 너무 길었기 때문에, 한 가정의 평화를 깨뜨리는 결과가 초래되었음을 알고 후회했다.

그는 그 여인에게 자신의 눈이 몹시 아픈데 침으로 씻어야 나을 수 있다고 정중히 부탁했다.

"부인의 침으로 좀 씻어 주시겠소?"

그 말을 곧이곧대로 믿은 여인은 랍비의 눈에 침을 뱉었다.

여인이 침 뱉는 모습을 본 제자들이 의아하게 생각하여 랍비에게 물었다.

"높은 덕망의 랍비님께서 어찌해 저 여인으로 하여금 얼굴에 침을 뱉도록 허락하셨습니까?"

랍비가 대답했다.

"한 가정의 평화를 위해서는 그보다 더한 일이라도 감수할 수 있다네."

가정의 평화 2

Insight

행복은 어디서 오는가? 만족에서 온다. 만족은 어디서 오는가? 현실에서 온다. 행복은 멀리서 찾으면 보이지 않는다. 현실의 생활 속에서 만족을 발견할 때, 비로소 보인다.

부인 때문에 힘들어하던 사내가 랍비를 찾아와 눈물을 글썽이며 하소연했다.

"랍비님, 저희 집은 좁은데 아이들은 많습니다. 또 여편네가 그렇게 악독할 수가 없습니다. 아, 정말 어떻게 해야 좋을지 모르겠습니다."

"산양은 가지고 있소?"

"물론입니다. 산양을 가지고 있지 않는 유대인이 어디에 있습니까?"

"그렇다면 산양을 집 안에서 기르도록 하시오."

다음 날 또다시 사내는 랍비를 찾아왔다.

"랍비님! 이젠 더 이상 참을 수가 없습니다. 악처에다 아이들 그리고 산양까지, 이제 틀렸습니다!"

"닭을 기르고 있소?"

"물론입니다. 닭을 기르지 않는 유대인이 어디에 있습니까?"

"그렇다면 닭을 전부 집 안에서 기르도록 하시오."

다음 날 또다시 사내는 랍비를 찾아왔다.

"랍비님, 이젠 정말 끝입니다. 아내에다 아이들 그리고 산양에다 닭이 열 마리입니다. 아아!"

이윽고 랍비가 말했다.

"그렇다면 산양과 닭을 원래대로 밖에 내다 기르도록 하고 내일 다시 한 번 찾아오시오."

다음 날 사내가 찾아왔다. 하룻밤 사이에 혈색이 좋아진 사내의 얼굴은 기쁨으로 빛나고 있었다.

"랍비님께서 말씀하신 대로 산양과 닭을 밖으로 내보냈습니다. 랍비님께 천 번의 축복이 내리시기를! 우리 집은 이제 궁전과도 같습니다."

노인과 애인

Insight

대머리에는 치료약이 없다.
제발 바람 피지 마라.

인생 황혼기에 접어든 한 노인이 있었다. 노인은 본처에게서 별 매력을 느낄 수가 없었다. 그래서 노인은 젊은 아가씨를 애인으로 삼게 되었다.

이 사실을 알게 된 노인의 마누라는 틈만 나면 영감의 검은 머리카락을 부지런히 뽑았다. 거울을 보면서 자기가 그런 어리석은 짓을 할 나이가 아니라는 사실을 깨닫게 하기 위함이었다.

애인 쪽은 가만히 있었느냐 하면, 그게 아니었다. 젊은 아가씨는 노인을 애인으로 두고 있다고 남들의 수군거림이 싫어서, 노인의 흰 머리카락 뽑기에 여념이 없었다.

두 여인의 악착같은 제초 작업 덕분에, 노인은 순식간에 대머리가 되고 말았다.

욕심

Insight

서로에게 바치는 정성을 모르는 부부들이 많다. 눈치가 없으면 코치로 살아라.

한 부부가 씨수말을 사기 위해 시장에 갔다. 첫 씨수말의 안내문에는 '지난해 교미 50번'이라고 적혀 있었다.

아내는 남편을 보고 부러운 듯 말했다.

"당신도 배워요. 1년에 50번이나 했대요."

다음 씨수말의 안내문에는 '지난해 교미 120번'이라고 적혀 있었다.

아내는 남편을 보고 더욱 부러운 듯 말했다.

"어휴, 당신도 배워요. 한 달에 10번씩이나 되네요."

다음 씨수말의 안내문에는 '지난해 교미 365번'이라고 적혀 있었다.

아내는 남편을 째려보며 말했다.

"어휴, 정말 당신은 부끄러운 줄 아세요. 하루에 1번씩이네요."

지금까지 아내의 말을 묵묵히 듣고 있던 남편이 더 이상 참지 못하고 버럭 화를 내며 말했다.

"아니, 저 씨수말이 365일 똑같은 암말과 했는지, 어디 물어보고 오시오!"

조건

Insight

성공한 사람들은 말의 8할이 칭찬이다. 좋은 말이 좋은 생각을 낳고 좋은 행동으로 이끈다. 좋은 말하는 데에 돈 드나?

똑똑하고 착한 아들을 두었지만, 가난한 집안 때문에 아들의 결혼이 방해가 될까 봐 걱정하는 아버지가 있었다. 이 소식을 들은 유명한 중매업자가 가난한 집 아버지에게 말했다.

"당신에게 아들이 있소? 있다면 내가 로스차일드 가문(유대인의 대표적인 금융 재벌 명문가)의 딸과 결혼하게 해드리겠소."

"아들은 있습니다. 그런데 우리처럼 가난한 사람이, 어떻게 그런 명문가와 결혼할 수 있겠습니까?"

"걱정 마시오, 정말 간절히 원한다면 방법은 생기기 마련이오."

그리고 그 중매업자는 딸이 있는 로스차일드 가문의 집으로 찾아갔다.

"아주 훌륭한 젊은이가 있는데, 따님을 시집보내시죠?"

"아직 딸이 어려서 시집보낼 생각이 없는데요. 그런데 그 훌륭한 젊은이는 어떤 사람인가요?"

"월드 뱅크의 부사장입니다."

"그래요, 그럼 한 번 가족들과 의논해보고 결정하도록 하겠습니다. 좋은 혼처인 것 같은데요."

그리고 그 중매업자는 마지막으로 월드 뱅크의 사장을 찾아갔다.

"사장님 아주 훌륭한 인재가 있는데, 월드 뱅크의 부사장으로 채용하시지요."

"부사장이요? 이미 각 직책별로 부사장이 많이 있고, 새로 부사장 자리를 만들 이유가 없는데요. 그런데 어떤 사람이길래 그렇게 추천하시는가요?"

"로스차일드 가문의 사위가 될 사람입니다."

부자의 자선

Insight

이 세상에 나누지 못할 만큼의 가난은 없다. 행복을 위해 양손에 더 많은 것을 움켜쥐는 것도 좋지만, 한 손쯤은 남을 위해 비울 줄 알아야 한다. 나누고 난 빈손엔 행복이 채워진다.

어느 마을에 대단한 부자가 살고 있었다. 하지만 그 부자는 매우 인색하고 남몰래 온갖 나쁜 짓을 다하고 다녔다.

어느 날 랍비가 부자의 집을 방문했다. 기부금을 권하기 위해서였다. 마을 사람들은 소용없는 일이라고 말렸지만, 랍비는 기어코 부자의 집을 방문했다.

랍비가 부자에게 말했다.

"탈무드에 나오는 이야기를 알고 계시겠죠? 어째서 사해가 사해(死海)로 불리며, 이스라엘 영토 안에 있는 다른 호수인 갈리리호(요르단 강의 중류에 있는 호수)가 그렇게 불리는지 말입니다."

랍비의 말에 부자가 대답했다.

"물론 알고 있죠. 갈릴리호는 밖으로 흘러나가는 시내를 가지고 있기 때문에 이름이 제대로 붙여져 있지만, 사해는 그저 가득 차 있을 뿐 밖으로 흘러나가는 시내가 없어서 사해로 불리는 것 아닙니까."

부자의 대답에 만족한 랍비가 말했다.

"네, 그렇습니다. 그래서 오늘 저는 자선을 베풀지 않으면 당신의 인생도 사해와 같이 될 거라는 말씀을 드리고 싶어 찾아온 것입니다."

"아닙니다, 랍비님. 저는 충분히 자선을 베풀고 있었습니다. 다만 남에게 자랑하고 싶지 않아서 비밀로 하고 있을 따름이지요."

그러자 랍비는 고개를 갸우뚱하며 말했다.

"그것 참 이상하군요. 당신이 비밀로 하는 온갖 나쁜 짓은 온 마을사람들이 다 알고 있는데, 어째서 똑같이 비밀로 하는 자선은 아무도 모르고 있을까요?"

천국

Insight

길을 잃고 헤맴 속의 깨달음, 깨달음 속의 헤맴, 인간은 날마다 깨닫고 날마다 헤맨다. 이 같은 과정을 반복하면서 인간은 점점 신에게로 다가서는 것이다.

한 사내가 랍비를 만나 물었다.

"랍비님, 천국에도 술이 있습니까? 저는 술을 너무 좋아해서 하루 세끼의 밥을 한 번으로 줄일 수는 있어도 절대 술은 줄일 수는 없습니다. 만약 천국에 술이 없다면 저는 죽어서 천국 가는 것도 사양하고 싶습니다."

랍비는 웃으면서 흰 개와 검은 개 이야기를 들려줬다.

옛날에 흰 개와 검은 개가 사는 마을이 있었다. 그곳에는 전설이 있었는데, 흰 개는 다음 생에 태어날 때 인간으로 환생한다는 것이었다. 그래서

어느 날 검은 개가 흰 개에게 말했다.

"야, 너는 참 좋겠다. 다음 생에는 사람으로 태어나서 두 발로 걸어 다닐 수 있을 테니까 말이야."

그러자 흰 개가 걱정스러운 듯이 말했다.

"사람으로 다시 태어나는 건 좋은 일이지만 한 가지 걱정되는 게 있어. 나는 사람의 똥을 제일 좋아하는데, 사람이 되어서도 그것을 먹을 수 있을지 정말 걱정이야."

이야기를 마친 랍비가 사내를 바라보며 말했다.

"나는 당신이 흰 개와 다를 바가 없다고 생각합니다."

묘지

Insight

요람과 무덤은 항상 사람 가까이에 있다.
희망과 절망은 항상 당신 가까이에 있다.

아버지와 아들이 사막을 여행하고 있었다. 사막의 더위는 살인적이었다. 더위에 지친 아들이 아버지에게 말했다.

"아버지, 너무 힘들어요. 이러다 죽을 것 같아요."

"포기하지 말거라. 곧 마을이 나타날 거야."

포기하고 싶은 마음을 억누르고 한참을 걷자, 저 멀리 공동묘지가 나타났다. 아들은 불길한 생각에 아버지에게 말했다.

"여기서 사람들이 많이 죽었나 봐요."

공포에 떨고 있는 아들을 보고 아버지가 힘주어 말했다.

"아들아, 힘을 내거라. 묘지가 있는 것을 보니 가까운 곳에 분명 사람들의 마을이 있겠구나. 이제 얼마 남지 않았다."

아들은 묘지에서 절망을 보고, 아버지는 묘지에서 희망을 봤다.

인과응보

Insight

생각은 어디에서 오는가? 마음에서 온다. 마음은 어디에서 오는가? 보고 듣고 느끼는 데서 온다. 보고 듣고 느끼는 것은 어디에서 오는가? 몸에서 온다. 몸을 움직이는 건 무엇인가? 다시 생각이다.

한 사기꾼이 식당에서 밥을 먹는데 꿀벌이 날아와 포도주 잔 근처를 맴돌았다. 사내는 꿀벌을 손등으로 내리친 후, 짓이기 버리려다 마음을 바꿨다. 어째 그날은 마음이 내키지 않았다.

죽었다 살아난 꿀벌은 창문 밖으로 잽싸게 도망쳤다. 꿀벌은 마침 꽃을 피운 어린 야생 살구나무 밭에 다다랐다. 꿀벌은 열심히 꿀을 모았고 꽃가루를 옮겼다.

머지않아 살구나무에 열매가 맺혔다. 열매가 어찌나 달콤한지 농부가 살구를 따서 잼을 만들었다. 잼을 맛본 사람들이 감탄하며 농부를 칭찬했다. 그래서 농부는 왕에게 잼을 한 단지 바쳤다.

왕은 한 공주에게 연정을 품고 있었다. 그래서 거듭거듭 공주를 왕궁 무도회에 초대했지만, 공주는 번번이 퇴짜를 놓았다. 왕은 이번이 마지막이라고 다짐하면서 농부가 바친 잼 한 단지와 초대장을 보냈다.

그런데 공주는 살구 잼을 받고 무척 감동했다. 실은 몇 달 전에 세상을 떠난 공주의 할머니는 늘 맛난 잼을 공주에게 만들어줬다. 부드럽고 달콤한 살구 맛은 사랑하는 할머니를 떠올리게 했다. 그리고는 미소를 지으며 왕의 초대를 승낙했다.

마침내 공주가 초대에 응했다는 소식을 들었을 때, 왕은 나쁜 짓을 또 저질러서 감옥에 갇혀 있던 사기꾼(처음에 꿀벌을 죽이려다만 그 사기꾼)에게 사형 판결을 내리려던 참이었다. 그러나 기쁜 소식을 듣고 마음이 누그러진 왕은 사기꾼을 사형 대신 먼 곳으로 유배를 보냈다.

논쟁

Insight

사람을 구속하는 것은 실체가 아니라, 바로 정신적인 것이다. 우리는 자신의 고정된 생각 속에서 결론부터 내린다. 그러고 나서 어떻게든 거기에 도달할 방법을 찾아낸다.

중세시대였다. 교황은 끊임없이 유대인들을 로마에서 몰아낼 것에 대한 권유를 받았다. 가톨릭의 중심부에 유대인들이 버젓이 살고 있다는 것을 용납할 수 없었다.

그리하여 추방령 포고문이 공포되자, 유대인들은 너무도 어처구니없었다. 그들은 다른 어느 곳으로 가더라도 로마에서보다 더 비참한 대우를 받을 거라는 사실을 잘 알고 있었다.

그래서 그들은 추방령을 재고해줄 것을 교황에게 간청했다. 교황은 공정한 사람이었기에, 유대인들 중 교황과 무언으로 논쟁할 사람을 하나 선정하라고 제안했다. 만일 그들의 대변자가 이길 경우에 유대인들을 그대로 머무르게 하겠다고 약속했다.

유대인들은 모여서 이 제안에 대해 여러모로 생각했다. 그 제안을 거절한다는 것은 로마에서 추방당하게 되는 것이었고, 그 제안을 받아들이는 것은 실패를 자초하는 일이었다.

교황이 직접 참가도 하고 심판도 하는 논쟁에서, 과연 어느 누가 이길 수 있겠는가?

그러나 그 제안을 받아들이는 수밖에 다른 길이 없었다. 하지만 교황과 무언의 논쟁을 하는 임무를 맡겠다고 자원하는 사람이 아무도 없었다. 유대인들 전체의 운명을 결정하는 무거운 짐을 아무도 짊어지려 하지 않았다.

그런데 이 사연을 들은 회당 문지기가 랍비의 대표에게로 와서 자기가 유대인을 대표해서 그 논쟁에 나가겠다고 자원했다. 다른 랍비들이 이 소식을 듣고 말했다.

"그 문지기가? 말도 안 됩니다!"

대표 랍비가 말했다.

"글쎄요. 우리들 중 누구도 나가려 들지 않으니, 그 문지기가 나가든가 아니면 논쟁을 포기하든가 둘 중에 하나입니다."

이렇게 해서 문지기가 교황과 논쟁을 하도록 선정되었다.

역사적인 날이 되자, 추기경들에게 둘러싸인 교황은 성 베드로

광장의 교황석에 앉아서 수많은 주교들, 신부들, 신자들을 바라보고 있었다. 곧이어 검은 옷차림에 수염을 늘어뜨린 유대인 대표단이 문지기를 앞세우며 도착했다.

논쟁은 교황이 그 문지기에게 얼굴을 돌리면서 시작되었다.

교황이 엄숙하게 손가락 하나를 쳐들어서 하늘을 가로질러 선을 긋자, 문지기는 재빨리 땅을 향해 손가락을 가리켰다. 그러자 교황은 뭔가 놀라는 기색이었다.

교황은 한층 더 엄숙하게 손가락 하나를 다시 쳐들어서 문지기의 얼굴을 단호하게 가리켰다. 문지기가 즉시 세 손가락을 똑같이 단호하게 들고 있자, 교황의 얼굴에 당황함이 역력했다.

곧이어 교황은 옷 속에 손을 넣더니 사과 하나를 꺼냈다. 그러자 문지기는 자기 종이 봉지에 손을 넣어서 누룩을 넣지 않고 구운 납작한 빵을 하나 꺼내는 것이었다. 여기까지 진행되자, 교황은 큰소리로 말했다.

"유대인 대표가 논쟁에서 이겼습니다. 추방령은 취소입니다."

유대인 지도자들은 재빨리 그 문지기를 에워싸더니 눈 깜짝할 새 그를 데리고 가 버렸고, 깜짝 놀란 추기경들은 교황 주위로 몰려들었다.

"아니, 도대체 어떻게 된 것입니까? 빠르고 열띤 그 논쟁을 우리는 도저히 따라갈 수 없었습니다."

교황은 이마의 땀을 닦으며 말했다.

"그 사람은 훌륭한 신학자요, 논쟁의 도사입니다. 내가 온 우주는 하느님께 속한다는 것을 암시하면서 하늘을 가로질러 손을 움직이는 것으로 시작했습니다. 그러자 그는 손가락을 아래로 가리키면서 사탄이 주권을 갖고 통치하는 지옥이라고 하는 장소가 있다는 것을 상기시켰습니다. 그래서 나는 하느님은 오직 한 분이라는 것을 의미하면서 손가락 하나를 쳐들었지요. 그런데 그가 세 손가락을 쳐들어서, 우리 자신의 교의인 삼위일체에 동의하는 손짓을 했습니다. 그 순간 나는 감당키 어려울 정도로 충격적이었습니다. 나는 이 신학적 천재를 이긴다는 것이 힘에 부친다는 것을 깨닫고는 논쟁의 영역을 바꿨습니다. 사과 하나를 꺼내어 신식 사고방식에 따르면 지구는 둥글다는 것을 암시했지요. 그는 즉시 누룩을 넣지 않고 구운 납작한 빵을 한 조각 꺼냄으로써 성서에 따르자면 지구는 납작하다는 것을 암시했습니다. 그러니 그의 승리를 인정할 수밖에요."

한편 유대인들은 회당에 도착하자마자, 문지기에게 어떻게 된 것인지를 물었다. 문지기는 심통이 나서 말했다.

"죄다 별거 아니었어요. 처음에 교황이 손짓을 하며 모든 유대인들은 로마에서 나가라는 시늉을 하더군요. 그래서 나는 손가락을 아래로 가리켜, 우리는 이 땅에서 꼼짝도 안할 거라는 걸 분명히 했죠. 그러자 그는 건방지게 굴지 말라는 것처럼 위협하는 손가락질을 했어요. 그래서 나는 그가 우리를 로마에서 추방하는 것은 세 배나 더 주제 넘는 짓이라며 세 손가락으로 그를 가리켰죠. 그다음에는 그가 자기 점심을 꺼내기에, 나는 내 점심을 꺼냈지요."

인간

Insight

자살이 인간을 대변하는 유일한 증거라면, 우리는 모두 털 없는 원숭이가 아닐까? 죽으려 하기보다 살려고 하는 편이, 더 용기를 필요로 한지도 모른다.

아들이 생기지 않아 늘 걱정이던 왕에게 드디어 아들이 태어났다. 오랜 기다림 끝에 얻은 왕자는 너무 사랑스러웠다. 왕자가 자랄수록 왕자로서의 기품과 총명함이 왕을 더욱 기쁘게 했다.

그런데 어느 날부터 왕자가 시름시름 앓기 시작했다. 용하다는 의사들을 모두 불렀지만 왕자의 병명조차 알 수 없었다. 그렇게 애를 태우던 어느 날, 원숭이의 골을 먹으면 나을 수 있다는 이야기를 들었다. 왕은 급하게 원숭이의 골을 구해 왕자에게 먹였다.

원숭이의 골을 먹은 왕자의 몸이 눈에 띄게 좋아졌다. 문제는 그후부터였다. 왕자의 몸이 나을수록 점점 원숭이를 닮아가는 것이 아닌가. 털이 나기 시작하더니 일 년이 채 되지 않아 완전히 원숭이 모습이 되었다.

원숭이 왕자가 성인이 되자, 왕은 고민에 빠졌다. 원숭이 왕자에게 왕을 물려줘야 하는가, 아니면 물려주지 말아야 하는가를 두고 신하들에게 의견을 물었다.

한 신하가 말했다.

"왕이시여, 왕자님은 외모로 보면 완전한 원숭입니다. 백성들은 절대로 원숭이를 왕으로 받들지 않을 것입니다."

그러나 옆에 있던 신하가 반박했다.

"왕이시여, 왕자님의 총명함과 기품은 누구도 따라올 사람이 없습니다. 백성들이 왕자님의 총명함과 기품을 안다면 모두들 기뻐할 것입니다."

많은 신하들이 왕자가 사람인가 아니면 원숭이인가를 두고 다투었다. 물론 왕자도 자신이 사람이라는 것을 증명하기 위해 수많은 노력을 했지만, 끝내 결론은 나지 않았다.

왕은 안타까운 목소리로 왕자에게 말했다.

"내 사랑하는 아들아, 네가 인간이라는 결정적인 증거가 없느냐?"

왕자는 아버지의 이야기를 듣고 비장한 표정으로 말했다.

“아버지, 제가 인간이라는 확실한 증거가 하나 있습니다. 이 세상에 자살하는 동물은 인간뿐이니까요.”

말을 마치자마자, 왕자는 품속에서 예리한 칼을 커내 자신의 가슴을 찔러 죽고 말았다.

금고

Insight

부자들에게 은행은 돈을 빌리는 곳이 아니라, 돈을 안전하게 보관하는 곳이다.

한 유대인이 은행에 들어가 대부 담당자와 마주앉았다. 대부 담당자가 유대인의 차림새를 훑어보며 물었다.

"무슨 일로 오셨는지요?"

"돈을 좀 빌리려고 왔습니다."

"얼마나 필요하신가요?"

"1달러가 필요합니다."

"우리 은행에서는 담보만 있으면 1달러는 물론 더 큰돈도 얼마든지 융자를 해드리고 있습니다."

유대인은 고급 가죽 가방에서 주권이라든가 채권 따위를 잔뜩 꺼내어 책상 위에 늘어놓았다.

“모두 합해 50만 달러 정도 됩니다. 이걸 담보로 맡기겠습니다.”

“네, 그런데 빌릴 돈이 정말 1달러라고 하셨습니까?”

“그렇습니다.”

“그럼 1달러에 대한 금리가 연 6%니까 6센트를 지불해주고, 1년 후에 1달러를 갚아 주시면 이 담보들을 모두 되돌려 드리겠습니다.”

유대인은 인사를 하고는 1달러를 지갑 속에 넣고는 일어섰다.

그동안 대부 담당자와 유대인이 주고받는 이야기를 듣고 있던 은행의 지점장이 궁금함을 참지 못하고 유대인에게 물었다.

“다름이 아니라 50만 달러나 가지고 계신 분이 왜 1달러를 빌려 가시는지 궁금합니다. 그 정도의 담보라면 저희 은행에서는 얼마든지 더 큰돈도 빌려드릴 수가 있는데요.”

“아니, 그럴 필요 없습니다. 오기 전에 금고를 사려고 했지만 너무 비싸서 사지 않았습니다. 그래서 곰곰이 생각해봤습니다. 제일 싼 금고가 무엇일까? 1년에 6센트로 이만큼 안전한 금고를 어디서 살 수 있겠습니까.”

인생

Insight

인생은 선택의 연속이다. 즉흥적인 생각으로 결정한 선택에는 과오가 많다. 그러나 너무 지나치게 생각한 후의 선택에는 후회가 따라온다. 인생에 공식이 없는 것처럼 선택도 공식이 없기는 매한가지다.

젊은 제자들이 랍비를 찾아와 물었다.

"삶이란 무엇입니까?"

그러자 랍비는 제자들을 과수원으로 데리고 갔다.

"자, 여기 넓은 사과밭이 있다. 좋은 사과가 얼마든지 있을 것이다. 너희들은 지금부터 사과밭으로 들어가서, 각자 마음에 드는 사과 하나씩을 따오너라. 다만 선택은 한 번뿐이며, 한 번 지나간 길은 되돌아갈 수 없느니라."

제자들은 신바람이 났다. 저 넓은 사과밭이라면 얼마든지 좋은 사과를 딸 수 있을 것 같았다. 그들은 의기양양하게 사과밭으로 들어갔다.

제자들이 사과를 따는 사이, 랍비는 사과밭이 끝나는 곳에 먼저 가서 기다리고 있었다.

랍비가 제자들을 향해 말했다.

"자, 모두들 마음에 드는 사과 하나씩을 골랐겠지?"

그러나 제자들 모두가 묵묵부답, 말이 없었다.

"왜 마음에 드는 사과가 없었나 보지?"

그러자 제자 하나가 말했다.

"스승님, 한 번만 더 기회를 주십시오."

"왜 기회를 한 번 더 달라는 것이냐?"

"저는 입구에서 크고 잘 생긴 사과 하나를 봤는데, 더 좋은 것이 얼마든지 있을 것 같아 그냥 지나쳤답니다. 되돌아갈 수도 없고, 결국 형편없는 사과를 딸 수밖에 없었습니다. 그러니 다시 한 번만 더……."

그러자 다른 제자 하나가 나서면서 말했다.

"스승님, 저는 그 반대랍니다. 사과밭 입구에서 크고 잘 생긴 사과가 있어 땄는데, 나중에 보니까 더 좋은 사과들이 얼마든지 있었습니다. 그러니 다시 한 번만 더……."

두 사람뿐 아니라 제자들 모두가 자신들의 선택을 후회하고 있었다.

그러자 랍비가 말했다.

"한 번 왔던 길을 되돌아갈 수도 없고, 한 번 선택한 것을 돌이킬 수도 없는 것, 그것이 인생이니라."

행운과 불운

Insight

13이라는 숫자는 미국에서는 불운이지만 이탈리아에서는 행운을 뜻한다. 9라는 숫자는 일본에서는 불운이지만 중국에서는 행운이다. 사실은 하나인데 해석은 종교, 문화, 발음 등으로 제각기 다르다. 틀린 게 아니라 다르다.

경찰에게 쫓기는 도둑이 강가에 이르러 막 떠나려는 나룻배에 올라탔다. 뒤를 쫓던 경찰이 사공에게 멈추라고 소리쳤지만, 사공은 귀머거리였다. 도둑은 귀머거리 사공을 만난 것이 행운이라고 생각했다.

배가 건너편 강가에 거의 도착하자, 건너편 강가에도 경찰이 도둑을 기다리고 있었다. 도둑은 사공을 향해 큰소리로 배를 돌려 다른 쪽으로 가자고 소리쳤다. 하지만 사공은 귀머거리여서 듣지 못하고 강가에 배를 대었다. 경찰에게 붙잡힌 도둑은 귀머거리 사공을 만난 것이 불운이라고 생각했다.

담보

Insight

수단은 반드시 목적을 정당화해야 한다.
목적이 정당하면 부끄러움이 없다.

유대인 상인 중에 병이 들어서 몸이 아주 약한 사람이 있었다. 햇볕이 쨍쨍 내리쬐는 어느 날, 등에 짐을 지고 지친 다리를 끌면서 길을 가고 있었다.

그는 길에서 한 친구를 만났다. 힘도 좋고, 건강하고, 돈도 많은 친구였다.

"여보게, 친구. 내 짐 좀 날라 주지 않겠나? 수고비는 지불하겠네."

그러나 그 친구는 딱 잘라 거절했다.

한참 고생을 하며 걷다가 상인이 말했다.

“여보게, 친구. 요즘에 나는 사업이 잘 안 되어 죽을 지경이야. 1만 달러만 빌려줘. 자네는 돈이 넉넉하지 않은가? 이자는 충분히 지불하겠네. 그리고 담보는 여기 있네. 이 물건은 새 것들이고 바로 팔 물건이지.”

친구는 높은 이자에 담보가 확실하니까 물건을 받았다. 그리고 얼른 1만 달러를 빌려줬다.

저녁까지 걸어 그들은 겨우 목적지에 도착했다. 상인이 친구에게 말했다.

“여보게. 생각해보니 아무리 어려워도 친구에게는 돈을 꾸지 말아야겠어. 자네에게 빌린 1만 달러는 여기 있으니 도로 받게. 그리고 여기 하루 이자 10달러야. 그러니 담보를 돌려주게.”

존경

Insight

존경은 소유물의 양이 아니라, 인격의 높고 낮음에 따라 달라지는 것이다.

규모가 제법 큰 회사의 사장이 있었다. 그런데 한 직원이 자기를 볼 때마다 공손하게 인사를 하기는커녕 본 듯 만 듯 지나치곤 했다. 사장은 늘 그 직원이 눈에 거슬렸다.

어느 날 참다못한 사장이 그를 불러 세웠다.

"나는 당신에게 일과 돈을 주는 고용주일세. 그런데 왜 나를 존경하지 않는 것인가?"

"사장님이 아무리 돈이 많아도 제가 일한 만큼만 주시는데, 왜 제가 사장님을 존경해야 하나요?"

"그럼 내 재산의 4분의 1을 준다면 그때는 나를 존경하겠는가?"

"똑같이 나누는 것도 아닌데, 왜 제가 사장님을 존경해야 합니까?"

"똑같이 절반을 준다면?"

"그렇다면 사장님과 제가 대등해지는데, 왜 제가 사장님을 존경해야 하나요?"

직원의 말에 점점 화가 난 사장이 마지막으로 물었다.

"그럼 전 재산을 준다면 그때는 나를 존경하겠군?"

"천만에요, 그때는 사장님과 제가 마주칠 일이 아예 없겠지요."

유서

Insight

단 하나의 재능을 가진 사람이 수많은 재능을 가진 사람을 뛰어넘을 수 있는 것이 인생이다. 결국 인생은 얼마나 많은 재능을 갖고 있느냐보다 한 가지 재능을 얼마나 능수능란하게 단련하느냐에 달렸다.

한 유대인 부자가 큰 병에 걸리고 말았다. 그는 아들을 예루살렘으로 보내 공부하게 했다. 그런데 아무래도 아들이 돌아올 때까지 살아 있지 못할 것 같아 유서를 남겼다.

"내 모든 재산을 집사 노예에게 준다. 단 아들은 내 재산 중에서 원하는 것 하나만을 가질 수 있다."

집사 노예는 지금까지 부자의 재산을 관리하면서 재산의 내역을 꼼꼼하게 알고 있었다. 유서를 쓰고 나서 얼마 되지 않아, 유대인 부자는 끝내 죽고 말았다. 부자의 유서를 본 집사 노예는 자신의 행운을 기뻐하면서, 한걸음에 예루살렘으로 달려갔다. 그리고는 주인집 아들에게 아버지의 죽음을 알리고 유서를 내밀었다.

아버지의 장례를 치르고 난 아들은 지혜로운 아버지가 그런 유서를 쓴 분명한 이유가 있을 거라고 생각했다.

'만약 내가 집에 없을 때 아버지가 죽고 나면 집사 노예가 재산을 전부 가지고 도망치거나, 마구 탕진해 버리거나, 아버지가 죽었다는 사실마저도 나에게 알리지 않을 수가 있다. 그래서 모든 재산을 일단 노예에게 상속한다고 하신 거야. 그러면 집사 노예는 아버지의 재산이 모두 자기 것이 되니 재산을 빼돌릴 이유가 없을 거야.'

한참을 생각한 아들은 마침내 아버지의 깊은 뜻을 깨달았다. 그리고는 모든 사람들을 불러놓고 말했다.

"왕이 어떤 영토를 차지하면 그 영토 안에 있는 백성과 토지에 대한 모든 지배권을 가지게 됩니다. 저는 아버지의 유서에 따라 제가 원하는 한 가지를 선택하겠습니다. 제가 선택한 한 가지는 집사 노예입니다."

이렇게 하여 집사 노예가 가진 모든 것을 아들이 가지게 되었다. 아들은 집사 노예의 그동안의 노고를 치하하면서 그를 해방시켜줬다. 그리고는 많은 재산을 나눠줬다. 큰 재산을 얻은 집사 노예는 노예가 아닌 진짜 집사가 되어 성심성의껏 아들을 도왔다.

제비뽑기

Insight

"아니 딱 봐도 사기꾼이라고 얼굴에 써 있는데, 이런 놈한테 걸려드냐?"
"그러니까 걸려드는 거지. 의심은 해소시켜주면 확신이 되거든."
_ 영화 〈꾼〉 중에서

고약한 고리대금업자에게 돈을 빌린 가난한 유대인이 돈을 갚지 못하는 처지가 되었다. 대금업자는 당장 돈을 갚지 않으면 감옥에 보내겠다고 협박했다. 그 가난한 유대인에게는 총명한 딸이 하나 있었다. 아버지를 감옥에 보내게 될 처지가 되자, 딸이 사정해보기로 했다. 딸은 고리대금업자를 찾아가 사정해봤지만, 도무지 먹히지 않았다.

한편, 고리대금업자는 아름다운 딸의 모습에 흑심이 생겨서 딸에게 아버지의 빚을 면해줄 테니 내기를 하자고 제의했다.

"여기에 검은 돌과 흰 돌이 하나씩 들어 있다. 흰 돌을 꺼내면 채무를 면제해주겠다. 그러나 검은 돌을 꺼내면 채무는 면제해 주겠지만, 너는 나에게 시집을 와야 한다."

주머니 속에는 고리대금업자가 넣어 둔 검은 돌 두 개가 들어 있었다. 그 사실을 눈치챈 딸이 내기를 받아들였다.

딸은 주머니 속에 돌을 얼른 꺼낸 다음, 황급히 바닥에 떨어트리고는 이렇게 말했다.

"어머, 너무 긴장한 나머지 돌을 그만 떨어뜨리고 말았네요. 제가 꺼낸 돌은 무엇인지 모르지만 주머니에 남아 있는 돌을 보면 알겠군요!"

그러면서 얼른 주머니에 있는 남은 돌을 꺼냈다. 물론 주머니에는 검은 돌이 남아 있었다.

"여기 검은 돌이 남은 걸 보니, 앞서 제가 꺼낸 돌은 흰 돌이 분명하군요!"

거울

Insight

금이 아름답다는 것을 알게 되면 별이 아름답다는 것을 잊게 된다. 왜 풀들이 바람에 쓰러졌다가도 다시 일어서는지, 바람 부는 날 들에 나가보면 안다. 가난한 사람만이 가난한 사람을 돕는다.

어떤 사람이 랍비에게 물었다.

"랍비님! 아무리 생각해도 모를 일이 한 가지 있습니다. 가난한 사람들은 하나가 되어 서로 도와주며 살고 있습니다. 그런데 부자들은 여유가 있으면서도 서로 도와주지 않습니다. 왜 그럴까요?"

랍비가 말했다.

"창밖을 보십시오. 무엇이 보입니까?"

"어떤 사람이 어린아이의 손을 잡고 걸어가고 있군요. 그리고 시장으로 자동차 한 대가 들어가고 있습니다."

랍비가 말했다.

"그렇지요. 이제 벽에 있는 거울을 보세요. 무엇이 보입니까?"

"제 얼굴밖에 보이지 않는데요."

"그렇지요. 거울이나 창이나 모두 유리로 되어 있습니다. 거기에다 금이나 은으로 칠을 하면 자기만 보이는 법입니다."

선택

Insight

논리에는 항상 허점이 있다. 논리로서 옳고 틀린 것을 찾다보면 항상 정답과 오답뿐이다. 세상에는 참과 거짓으로 구분할 수 없는 답들이 무수히 많다.

한 지혜로운 랍비가 여행 중에 폭풍우를 만나 배가 난파되었다. 다행히 외딴 섬에 떠밀려 겨우 살아남았다. 이 외딴 섬에는 아주 논리적인 부족이 살고 있었다. 그러나 이 부족은 너무 배타적이어서 섬으로 들어오는 모든 외부인을 잡아죽였다. 다만 논리적인 부족답게 재판을 거쳤다.

재판에서 외부인의 말이 진실이면 '참신' 앞에서, 거짓이면 '거짓신' 앞에서 죽였다.

부족의 추장이 랍비에게 말했다.

"너는 무슨 말이든 해도 괜찮다. 하지만 말을 하지 않을 수는 없다."

랍비는 한참을 고민하다가, 이렇게 말했다.

"너희들은 나를 거짓신 앞에서 죽일 것이다."

랍비의 말대로 거짓신 앞에서 죽이려고 하니 그의 말은 '참'이 되었다. 그래서 이번에는 참신 앞으로 끌고 갔다. 그러나 여기서 죽이면 그의 말은 거짓이 되므로 또다시 죽일 수가 없었다. 결국, 랍비는 살아남았다.

거짓말 1

Insight

빼앗으면 빼앗긴다. 의심하면 의심받는다. 미워하면 미움받는다. 믿으면 믿음받는다. 사랑하면 사랑받는다.

한 농부가 돼지를 잡았다. 그 마을에서는 돼지를 잡으면 이웃 사람들과 나눠 먹는 관습이 있었다. 그런 관습 때문에 이웃들에게 여러 차례 돼지고기를 얻어먹은 농부는 자기도 이웃들에게 고기를 나눠줘야 할 처지에 놓이게 되었다.

그래서 그는 친구를 찾아가 자기의 속마음을 털어놓았다.

"내가 돼지를 잡아야겠는데, 이웃들에게 나눠주면 남는 게 별로 없을 것 같아. 무슨 좋은 방법이 없을까?"

친구가 말했다.

"나 같으면 어두운 밤에 문을 열어놓고 문가에 돼지를 내놓겠네. 그리고 다음 날 돼지를 도둑맞았다고 소문을 내겠네."

농부는 친구의 말을 듣고 그대로 했다. 그런데 정말로 돼지가 없어졌다. 농부는 화가 나 친구에게 달려갔다.

"이봐, 자네가 시키는 대로 했는데 정말 돼지가 없어졌네."

친구가 반색하며 말했다.

"그래, 그렇게 하게나. 만나는 사람마다 그렇게 말하면 되네. 틀림없이 자네 말을 믿을 거야."

농부는 농담이 아니라, 진짜로 돼지를 잃어버렸다고 사실대로 말했다. 하지만 농부가 사실을 말할수록, 친구는 더욱 부채질을 했다.

"그렇지 잘하는구먼, 그렇게 하라고. 이제 자네는 돼지고기를 나눠주지 않아도 되겠구먼."

거짓말 2

Insight

열심히 공부하지 않으면 더울 때 더운 데서 일하고, 추울 때 추운 데서 일한다. 열심히 공부하자.

네 명의 대학생이 안식일에 놀러갔다. 너무 재미있어서 다음 날도 학교에 가지 않고 놀았다. 그리고 교수님께는 깊은 산속에서 자동차가 펑크가 나서 고칠 수가 없었다고 거짓말하기로 입을 맞췄다.

학교에 갔더니 교수님이 물었다.

"너희들 왜 수업에 빠졌니?"

"산속으로 놀러갔다가 자동차가 펑크가 나서 고칠 수가 없었습니다."

교수는 아무렇지도 않다는 듯이 태연히 말했다.

"그럴 수도 있지. 그런데 어제 시험을 치렀어. 너희도 시험을 봐야 한다."

그리고 네 명을 먼 자리에 각각 앉히고 백지를 주면서 말했다.

"시험 문제를 낸다. 어느 바퀴에 펑크가 났었는지 써라."

거짓말 3

Insight

순진한 사람만이 미안한 감정을 느끼고, 거짓말에 속는다. 한 마리의 개가 거짓으로 짖으면, 백 마리의 개가 사실인 듯 짖어 댄다.

어렸을 때 받은 정신적 쇼크 때문에 거의 강박적으로 거짓말을 하는 한 소년이 있었다. 사람들은 소년의 거짓말이 너무 상습적이었기 때문에 무슨 일을 맡겨도 도무지 미덥지가 않았다. 그래서 생각다 못한 동네 사람들이 설마한들 이런 큰 거짓말이야 하겠냐 싶어서 양떼를 지키는 일을 맡겼다.

한데 소년은 새로 생긴 이 일이야말로 거짓말 솜씨를 신나게, 마음껏 발휘할 수 있는 기막힌 기회라고 생각했다. 소년은 꼭 늑대가 양떼를 공격하고 있는 것처럼, 목청껏 "늑대다! 늑대!" 하고 소리쳤다.

동네 사람들은 소년의 고함소리를 듣고 부랴부랴 양떼가 있는 곳으로 달려왔다. 하지만 늑대는 고사하고 늑대 그림자도 구경할 수 없었다.

그럴 때마다 오히려 동네 사람들을 꾸짖는 투로 소년이 말했다.

"왜 그렇게 오래 걸렸어요? 혼자서 늑대를 쫓아내다 물려 죽을 뻔했잖아요."

다음 날 다시 양치기 소년은 거짓으로 "늑대다! 늑대!"를 외치고, 사람들은 다시 헐레벌떡 소년을 구하러 달려왔다. 물론 늑대는 보이지 않았다. '어, 이것 봐라? 그제야 사람들은 이 녀석이 옛날 거짓말 버릇이 다시 또 도진 게 아닌가' 하고 의심하기 시작했다.

그러자 오히려 소년은 사람들의 의심이 싹 가실 정도로 더 당당하게 선언했다.

"정말 자꾸 이렇게 어슬렁어슬렁 오시면 나도 이 일을 그만두겠어요. 날마다 혼자서 무시무시한 맹수들과 싸우느라고 거의 목숨을 걸다시피 하고 있는데, 어르신들은 그저 소풍 오는 식으로 오시니 말입니다."

소년의 말에 기가 질린 마을 사람들은 다음에는 진짜 신속하게 달려오겠다고 약속했다.

그런데 바로 그날 밤, 늑대들이 새까맣게 몰려와서 양떼를 공격했다. 이쪽저쪽 사방에서 "늑대다! 늑대!" 난리였다. 그동안 은근히 그 거짓말쟁이 소년에게 미안한 마음을 품고 있던 동네 사람들은 다른 양치기들의 고함소리는 싹 무시하고, 오직 그 거짓말쟁이 양치기만을 구하러 급히 뛰어갔다.

동네 사람들의 재빠른 행동 덕분에 그 양치기 소년과 거기 있는 양떼만은 아무 탈 없이 무사할 수 있었다. 하지만 다른 곳의 피해는 엄청났다. 어떤 책임감 강한 양치기 하나는 자기 양들을 지키다가, 그만 심하게 물린 끝에 광견병에 걸려 죽음을 맞이했다.

개

Insight

생각이 방법을 만든다. 가난한 사람들은 부자가 되면 행복할 거라고 생각하고, 부자들은 위궤양이 다 나으면 행복할 거라고 생각한다.

개에게 간유(肝油)가 좋다는 말을 들은 어떤 사람이 많은 양의 간유를 매일 개에게 먹이기 시작했다. 개가 싫어하자, 억지로 개의 머리를 자기의 무릎 사이에 끼고서 턱을 벌린 다음, 목구멍에 부어 넣었다.

어느 날 그만 버둥대던 개가 간유통을 쓰러뜨려, 간유가 바닥에 엎질러지고 말았다. 그런데 개는 바닥에 엎질러진 간유를 혀로 핥아먹기 시작했다. 그때서야 비로소 개가 싫어했던 것은 간유가 아니라, 자신의 방법이었음을 깨달았다.

믿음

Insight

좋은 친구는 일 분 안에 당신의 결점이 무엇인지 말해줄 수 있다. 하지만 그 말을 들은 후부터, 당신의 눈에는 그 친구가 좋은 친구로 보이지 않는다.

한 마을에 아주 친한 친구가 있었다. 그런데 한 친구가 아름다운 친구 부인의 미모에 반해 몸이 한껏 달아올라 있었다. 그는 친구 몰래 별 방법을 동원해 유혹해봤지만 소용없었다. 그는 지조가 굳은 부인의 마음을 움직이기 위해 마지막으로 거금의 돈을 주겠다고 제안했다. 마침내 부인도 유대인 기질답게 돈 앞에 굴복하고 말았다.

"내일 남편이 출장을 가고 없으니, 그때 오세요."

다음 날 아침, 돈이 급한 남자는 출장을 떠나는 부인의 남편인 친구를 붙들고 1만 달러만 빌려달라고 부탁했다.

"친구, 정말 미안한 부탁이 있네. 너무 급해서 그러니 돈 좀 꿔주게. 오늘까지는 무슨 일이 있어도 자네 부인한테 갖다 주겠네."

출장에서 돌아온 남편이 부인에게 급하게 물었다.

"오늘 내 친구 다녀갔지?"

아내는 얼굴이 사색이 되어 떨리는 목소리로 그렇다고 대답했다.

"1만 달러를 갖고 왔지?"

아내는 기어드는 목소리로 그렇다고 대답했다. 그러자 남편은 안심이 된 표정을 지으며 말했다.

"역시 그 친구는 믿을 수 있단 말이야!"

욕

Insight

성공한 사람들의 말의 절반은 칭찬이고, 실패한 사람들의 말의 절반은 남에 대한 비방이다. 당사자 앞에서 할 수 없는 말은 뒤에서도 하지 마라.

어느 마을에 유대인 가족이 이사를 왔다. 그런데 마을 아이들이 유대인 집 대문에 매일 몰려와서 "유대놈! 수전노!"라고 욕을 해댔다.

어느 날 저녁, 유대인은 그 아이들에게 똑같이 10달러씩을 나눠주며 더 열심히 욕을 해달라고 부탁했다. 그래서 아이들은 더욱 큰 목소리로 욕을 해댔다.

다음 날도 아이들이 모여서 "유대놈! 수전노!" 하고 떠들었다. 그러자 유대인은 그 아이들에게 똑같이 5달러씩을 나눠주며 유대인을 욕해줘서 고맙다고 말했다.

다음 날도 아이들이 모여서 "유대놈! 수전노!"라고 열심히 욕을 해댔다. 그러자 유대인은 그 아이들에게 똑같이 3달러씩을 나눠주며 유대인을 욕하느라 고생이 많다고 말했다.

그런데 시간이 지날수록 돈은 점점 줄어들어 이제 1센트까지 떨어졌다. 다음 날에도 역시 아이들이 다시 몰려와서 여느 때처럼 "유대놈! 수전노!"라고 외쳐댔다.

저녁 때가 되자, 아이들은 그 유대인이 나타나기를 기다렸다. 그러나 그가 나오더니 양손을 벌려 보이며 아무것도 없다는 시늉을 하자, 아이들이 이상하다는 듯이 물었다.

"아저씨, 오늘은 왜 돈을 안 주시는 거예요?"

그러자 유대인이 말했다.

"얘들아, 그동안 열심히 선전해줘서 고마웠다. 하지만 이젠 돈이 다 떨어졌단다."

그러자 아이들이 외쳤다.

"에잇, 어떻게 돈을 받지 않고 욕해요? 이제 욕 안 해요!"

하늘의 뜻

Insight

가난한 여러 명은 작은 돈도 크게 나누지만, 부자인 한 사람은 큰돈도 나눌 수 없을 만큼 작게 느낀다.

가톨릭의 신부, 개신교의 목사, 랍비가 각자 자기 교회에서 모은 헌금을 어디에 쓸 것인가에 대해 의논했다.

먼저 신부가 말했다.

"나는 땅에 원을 그려 놓고 이 헌금을 모두 하늘로 던지겠습니다. 그리하여 원 밖에 떨어진 돈은 자선사업에 쓰고, 원 안에 떨어진 돈은 내 생활비로 쓰겠습니다."

다음에는 목사가 말했다.

"그래요? 나는 선을 하나 그어 놓고 돈을 하늘로 던져서 왼쪽에 떨어진 돈은 자선사업에 쓰고, 오른쪽에 떨어진 돈은 내 생활비로 쓰겠습니다. 그 결과 역시 하느님의 뜻일 테니까요."

신부와 목사의 말을 듣고 랍비가 말했다.

"나도 두 분처럼 돈을 하늘로 던지겠습니다. 그럼 자선사업에 필요한 돈은 하느님께서 거두실 것이고, 내게 주실 돈은 전부 땅으로 떨어뜨리실 겁니다."

생선 장수

Insight

귀가 얇은 사람들의 장점은 오직 피어싱하기 쉽다는 것뿐이다. 그 외에는 아무런 장점이 없다. 인생은 녹록치 않다. 하지만 귀가 얇은 사람에게는 더욱 녹록치 않다.

어떤 생선 장수가 마을에 생선 가게를 내고 간판을 달았다.

"이곳에서 신선한 생선을 팝니다."

한 사람이 들어와서 말했다.

"신선한은 빼시오. 다 신선한 생선 아니오?"

"그렇군요."

그래서 '신선한'을 뺐다.

다른 사람이 들어오더니 참견했다.

"이곳에서는 빼도 되지 않을까요? 다 알지 않습니까?"

"그렇군요."

그래서 '이곳에서'를 뺐다.

다른 사람이 들어오더니 참견했다.

"팝니다라는 말도 빼야지요. 거저 주는 것이 아니니까요."

"그렇군요."

그래서 '팝니다'를 뺐다.

다른 사람이 들어오더니 참견했다.

"생선이라는 글자도 필요 없어요. 근처에 오기만 해도 생선 냄새가 나니까요."

"그렇군요."

그래서 '생선'을 뺐다.

그래서 그 가게는 간판 없는 생선 가게가 되었다. 결국 사람들은 그곳에 생선 가게가 있는지 아무도 모르게 되었다.

선물

Insight

대가를 지불하지 않고 얻은 공짜에는 만족감이 없다. 그래서 끝없이 공짜를 바라게 된다. 하지만 공짜는 반드시 공짜 값을 한다. 공짜 좋아하지 마라.

한 대학 교수가 정년이 되어 퇴임을 하게 되었다. 학생들은 교수에게 퇴임 선물을 사드리기로 했지만, 교수가 가장 필요로 하는 것을 알 수 없어 고민이었다.

결국 교수 모르게 교수의 아내에게 여쭤보기로 했다. 아내는 발 디딤판이 붙어 있고 등판이 뒤로 젖혀지는 안락의자가 좋겠다고 가르쳐줬다.

학생들은 아내의 추천대로 안락의자를 사서 선물했다. 교수는 안락의자를 선물받고 너무나 기뻐했다. 그런데 얼마 지나지 않아, 교수가 학생들에게 연락을 해왔다.

"저번에 선물한 안락의자를 어디에서 구할 수 있는가?"

"교수님, 안락의자에 고장이라도 생겼나요?"

"아니 그 안락의자가 너무 좋아서 말이야. 이번에는 내가 쓸 것으로 하나 사고 싶어서 그러네!"

빚

Insight

상처를 준 사람과 상처를 받은 사람 중에 누가 더 괴로운가? 당연히 상처를 준 사람이 더 괴로워야 한다. 하지만 대부분은 그 반대다.

한 남자가 큰돈을 빌렸는데, 그 기한이 내일 아침까지였다. 돈을 빌려준 사람이 한 달 전부터 기한 내에 꼭 갚아야 한다고 다그쳐 왔다. 그는 빚 독촉을 받을 때마다 틀림없이 갚을 테니 걱정 말라고 큰소리쳤다.

수중에는 땡전 한 푼도 없고, 내일 아침에는 무슨 수를 써서라도 돈을 갚아야 했다. 그렇지만 아무런 대책을 세울 수가 없었다. 내일 아침이면 돈을 빌려준 사람이 집으로 쫓아올 것이라 생각하니 잠을 잘 수가 없었다.

잠을 이루지 못하는 남편을 보고 아내가 걱정스럽게 물었다.

"여보, 도대체 왜 잠을 못 이루고 있어요?"

"빌린 돈 때문이오. 무슨 일이 있더라도 내일 아침까지는 갚아야 하는데 말이오."

"그럼 돈은 있어요?"

"돈이 없으니까 이렇게 걱정하는 것 아니오."

"걱정도 팔자네요. 어서 잠이나 자요. 정작 잠을 못 자고 밤새 뜬눈으로 지새야 할 사람은 당신이 아니라, 돈을 빌려준 사람 아닌가요?"

가장 귀중한 것

Insight

영화 〈쇼생크 탈출〉에서 독방에 갇혔다 나온 주인공 앤디 듀프레인에게 "끔찍하지 않았느냐?"고 동료들이 묻자, 그는 "모차르트를 계속 들었다."고 대답한다. "녹음기를 갖고 들어갔느냐?"고 묻자, 그는 가슴과 머리를 가리키며 "여기에 들어있는 건 누구도 빼앗을 수 없다."고 말한다. 남이 빼앗을 수 없는 것을 가져라.

어떤 학자가 배를 타고 멀리 여행을 하고 있었다. 같은 배에 물건을 파는 상인이 타고 있었다. 상인이 학자에게 물었다.

"당신은 무슨 물건을 팝니까?"

학자는 망설이지 않고 말했다.

"나는 이 세상에서 가장 귀중한 것을 팝니다."

학자의 말에 궁금해진 상인은 학자가 잠이 들자, 그의 보따리를 몰래 훔쳐봤다. 그러나 보따리에는 별 귀한 것이 없고 잡다한 물건뿐이었다.

항해를 계속하던 중에 폭풍우를 만나, 배가 난파되어 가까스로 목숨만을 건져 어느 해안가에 닿았다.

학자는 그 마을 사람들에게 많은 지식을 이야기해줬다. 학자의 지식을 전해 들은 마을 사람들은 너무 감사해 하며, 고마움의 표시로 많은 돈을 모아 학자에게 줬다.

이 모습을 지켜보고 있던 상인이 감탄하며 학자에게 말했다.

"과연 당신의 말이 옳군요. 저는 팔 물건을 모두 폭풍우에 잃어버렸는데, 당신은 살아 있는 동안은 절대 잃어버리지 않을 물건을 가지고 있으니 말이오."

제일 중요한 것

Insight

손 안에 무엇인가 가득 움켜쥔 사람은 다른 사람의 손을 잡지 못한다. 텅 빈 손만이 다른 사람의 손을 잡을 수 있다. 갓 태어난 아기의 손이어야 한다.

외동으로 자란 공주가 큰 병을 얻어 죽음을 눈앞에 두고 있었다. 그러자 왕은 공주의 병을 낫게 해주는 사람을 사위로 맞아들이고, 자기 뒤를 이어 왕위에 오를 수 있게 해주겠다고 포고문을 발표했다.

그때 궁궐에서 멀리 떨어진 곳에 삼형제가 살고 있었다. 첫째는 마법의 망원경을 가졌고, 둘째는 하늘을 나는 양탄자를 가졌으며, 셋째는 먹기만 하면 어떤 병이든 나을 수 있는 마법의 사과를 갖고 있었다.

첫째가 마법의 망원경으로 포고문을 보았다. 공주를 가엾게 여긴 그들은 셋이 힘을 합쳐 공주의 병을 낫게 해주자고 의논했다.

세 청년은 우선 어떤 곳이든지 순식간에 날아갈 수 있는 양탄자를 타고 궁전으로 갔다. 궁전에 도착하자, 서둘러 마법의 사과를 공주에게 주었다. 그 사과를 먹은 공주는 병이 씻은 듯 나았다.

왕은 크게 기뻐하며 사위를 맞아들여야겠다고 생각했다. 그런데 일이 참으로 난처하게 되었다. 한 사람이 아니라 세 사람이었기 때문이다.

첫째가 말했다.

"제가 망원경으로 포고문을 보지 않았다면 여기에 올 수 없었습니다."

둘째가 말했다.

"내 마술의 양탄자가 아니었다면 이토록 먼 곳까지 올 수 없었습니다."

셋째가 말했다.

"물론 그 말도 맞습니다. 그러나 마법의 사과가 아니었다면 공주님의 병을 고칠 수 없었습니다."

각자 자기의 공로가 크다고 주장했다. 세 사람의 이야기를 듣고 왕이 말했다.

"첫째는 마법의 망원경을 그대로 갖고 있다. 둘째도 날아다니는 양탄자를 그대로 갖고 있다. 하지만 셋째는 마법의 사과를 공주에게 주어 버려 아무것도 가지고 있지 않다. 셋째는 자기가 가졌던 귀중한 것, 전부를 줬다. 그러니 셋째를 공주와 결혼시키겠노라!"

실망

Insight

신발이 너무 작아서 안 맞으면 다른 걸 신어라. 큰 발에 작은 신발을 신으려고 하면 할수록 물집만 잡힌다.

랍비가 아내에게 말했다.

"우리 사위는 정말 바보야. 술도 못 마시고 놀음도 못해."

아내가 말했다.

"오히려 잘된 일이지요. 술도 못 마시고 놀음도 못하는 것이 좋은 일 아닌가요?"

랍비가 탄식하며 말했다.

"그런데 술도 못 마시면서 술을 마시고, 놀음도 못하면서 놀음을 하니까 더 문제지."

그릇

Insight

숟가락으로 귀지를 파봐라. 어디 파지나?
귀이개로 밥을 먹어봐라. 어디 먹어지나?

지혜롭기로 온 나라에 소문난 랍비가 있었다. 왕은 지혜로운 랍비를 직접 만나보고 싶어 궁궐로 초청했다. 왕은 랍비와 이야기를 나눌수록 그의 지혜에 감탄했다. 그런데 왕 옆에 있던 공주가 랍비의 못생긴 얼굴을 보고 대뜸 이렇게 말했다.

"참으로 놀라운 지혜가 너무도 못생긴 그릇에 담겨 있군요."

공주의 비아냥거림에 랍비가 물었다.

"공주님, 이 왕궁 안에 술이 있습니까?"

공주가 고개를 끄덕였다.

"그 술은 어떤 그릇에 들어 있습니까?"

"항아리나 주전자처럼 흔히 볼 수 있는 그릇에 담겨 있지요."

랍비는 깜짝 놀란 체하며 말했다.

"공주님처럼 지체 높으신 분께서 금그릇이나 은그릇에 술을 담지 않고, 왜 그런 보잘것없는 그릇에 술을 담아 두십니까?"

공주는 곧 시녀들을 불러 이제껏 금그릇과 은그릇에 담겨 있던 물과 질그릇에 담겨 있던 술을 바꾸어 담도록 명령했다. 그 결과 술이 상해 버리고 말았다.

왕이 술맛을 보고 크게 노해 꾸짖었다.

"누가 어리석게 이런 그릇에 술을 담았단 말이냐?"

공주는 얼굴이 새빨개져 어쩔 줄을 몰라 하며 말했다.

"황공하옵니다. 제가 생각이 모자라서 그렇게 옮겨 담도록 시켰습니다."

공주는 곧 랍비에게 가서 화를 내며 항의했다.

"랍비님, 어찌하여 내게 그런 어리석은 일을 하도록 했습니까?"

그러자 랍비가 조용한 목소리로 대답했다.

"저는 다만 아무리 귀중한 것이라 할지라도 경우에 따라서는 보잘것없는 질그릇에 담아 두는 편이 훨씬 나을 수도 있다는 사실을, 공주님께 가르쳐드리고 싶었을 따름입니다."

등불

Insight

어두운 방이 무섭다면 불을 켜야 한다. 스위치는 어디에 있는가? 어두운 방 안에 있다. 그때 누군가가 촛불을 밝혀준다면 당신은 더 쉽게 스위치를 찾을 수 있다.

어느 골목길 모퉁이에 한 소경이 옆에 등불을 켜두고 앉아 있었다. 그 길을 지나가는 사람들은 한결같이 '앞을 보지도 못하면서 무엇 때문에 등불을 켜두고 앉아 있을까?' 하며 이상하게 생각했다.

그중에서도 호기심 많은 사람이 소경에게 물었다.

"여보시오! 당신은 앞을 못 보는 소경이면서 무엇 때문에 등불을 켜놓고 앉아 있는 거요? 등불을 켜둔다고 해서 보이지 않는 눈이 보일 리 없지 않소?"

그러자 소경은 웃으면서 대답했다.

"지금 길이 어둡지 않습니까? 나는 등불이 필요 없지만 다른 사람들이 혹시 어두워서 넘어져 다치지나 않을까, 그게 걱정이 되어서 언제나 등불을 켜놓고 있지요."

이 소경은 자신을 위해서 등불을 켜놓는 것이 아니라, 다른 사람을 위해 밤마다 등불을 밝히고 있었던 것이다.

노부부

Insight

다시 못 올 그 먼 길을 어찌 혼자 가려 하오. 여기 날 홀로 두고, 여보 왜 한 마디 말이 없소. 여보 안녕히 잘 가시게.

_ 노래, 〈어느 60대 노부부의 이야기〉 중에서

서로를 무척이나 사랑하며 누구에게나 친절한 노부부가 살고 있었다. 어느 날 신이 남루한 여행객으로 변장해서 노부부의 오두막을 찾았다.

할아버지는 일을 나가고 없었기 때문에, 할머니가 반갑게 여행객을 맞이했다. 양식이라곤 사실 두 부부가 먹을 것밖에 없었지만, 할머니는 마지막 남은 한 주전자의 우유와 한 조각의 빵을 낯선 여행자 앞에 즐거운 마음으로 내놓았다.

'역시 이 부부에 대한 평판은 사실과 다르지 않구나' 생각하면서 신은 자신의 신령스러운 본모습을 드러냈다. 할머니가 소스라치게 놀랐다.

신이 말했다.

"나는 일부러 너희에게 상을 내리려고 여기 왔노라. 황금이 갖고 싶으냐? 아니면 넓은 땅을 주랴?"

그러나 할머니는 한참을 생각한 끝에 고개를 가로저으며 대답했다.

"제 소원은 오직 제가 영감보다 먼저 죽을 수 있었으면 하는 것뿐입니다. 영감 없이 산다는 건 견딜 수 없으니까요."

"그렇다면 너를 다시 젊고 아리따운 아가씨로 만들어주는 건 어떻겠느냐?"

"아니, 싫습니다. 영감보다 오래 살지 않도록만 해주세요."

할머니의 대답은 한결같았다.

"정 그렇다면 그리 되도록 해주겠노라."

할머니는 자신이 신의 방문을 받았다는 말을 할아버지에게 입도 벙긋하지 않았다. 그렇지만 곧 자기가 없어지면 할아버지가 혼자 어떻게 살아갈까, 걱정이 되기 시작했다. 그래서 할머니는 자기가 죽으면 꼭 재혼을 하라고 할아버지에게 부탁했다.

"영감은 돌봐 줄 사람이 필요해요. 밥도 때 맞춰 해줘야 하고, 밭에서 일하고 돌아오면 시원한 샘물을 길어다 목도 축이고 손도 씻을 수 있게 해줘야죠. 그걸 다 누가 하나요? 여자가 아니면 안 된다니까요."

할머니가 끊임없이 잔소리를 해대면서 하도 달달 볶는 바람에 마침내 할아버지도 재혼을 하겠다고 약속했다.

막상 할아버지가 재혼을 하겠다고 약속을 하고 나니, 할머니한테는 또 다른 고민거리가 생겨났다. 한동안 생각에 잠겨 있던 할머니가 할아버지에게 말했다.

"유언장을 작성하기 전까지는 편안한 마음으로 눈을 감을 수가 없을 것 같아요."

할아버지가 펄쩍 뛰면서 말했다. 필경 할머니가 실성한 것이라고 생각했다.

"유언장이라니! 임자, 당신이 무슨 재산이 있다고 물려주고 말고 한단 말이오?"

할머니는 자신의 유언을 남편에게 받아 적게 했다.

"모든 게 사랑하는 남편 몫이라고 쓰세요. 이기적인 친척들 몫은 하나도 없어요. 그리고 당신이 재혼을 하고 나면, 새 마누라에게 내 소중한 모든 걸 주겠어요. 페니키아에서 수입한 은 머리핀, 거북 껍질로 만든 머리빗 세트, 유리 노리개, 금반지 일체를 주겠어요."

유언장을 다 쓰고 나자, 신이 할머니 앞에 나타났다. 화가 난 목소리로 신이 다그쳤다.

"왜 거짓으로 유언을 했지? 너처럼 가난한 농부의 아내가 가진 게 뭐가 있다고 그런 거짓말을 했느냐. 갖지도 않은 물건을 할아버지의 후처한테 주겠다고 유언장에 적어 놓다니, 이게 어떻게 된 거지?"

신 앞에서 한없이 가련한 할머니가 말했다.

"지조 없는 영감은 약속까지 했으니 필경 재혼을 하겠지요. 하지만 이제 이렇게 떡 하니 유언장까지 만들어 놨으니, 새 마누라는 진짜로 자기한테 넘어올 값진 보물이 있는 줄만 알 겁니다. 그러면 날이면 날마다 보물을 내놓으라고 잠시도 가만 안 놔두고 못살게 굴겠지요. 잘하면 한 달도 못 가서 영감도 황천으로 올 테고, 그러면 우린 다시 합칠 수 있겠지요."

베푸는 사람

Insight

나이가 들수록 입은 닫고 지갑은 열어야 한다. 그래야 주위에 사람이 모인다. 입만 열고 지갑을 닫아보라. 외롭다. 혼자다.

어떤 청년이 아버지에게 넉넉한 유산을 상속받았다. 그런데 이 청년은 돈을 계획적으로 쓰는 사람이 아니었다. 청년은 가진 돈이 얼마인지 헤아려볼 생각도 않고 신나게 써댔다.

날이면 날마다 친구들한테 거나하게 술을 사고, 이유도 없이 사람들에게 선물을 뿌리고, 걸인들한테 수시로 적선을 하고, 동네 아이들한테 맛난 것을 사줬다. 청년의 삼촌이 아무리 타일러도 귓등으로 흘려들었다. 몇 년이 지나자, 청년에게는 한 푼의 돈도 남지 않았다.

그러자 삼촌이 조카를 비웃으며 잔소리를 해댔다.

"꼴좋구나, 무일푼이 되지 않았냐?"

하지만 청년은 전혀 후회하는 기색이 없이 말했다.

"그 돈은 제가 번 게 아닌 걸요. 그건 뜻밖의 선물 같은 거였어요. 그러니까 주변 사람들에게 나눠준 걸 후회하지 않아요. 맛난 음식을 사주면 아이들이 활짝 웃더라고요. 걸인들이 따뜻하게 입고 배불리 먹는 걸 보면 저까지 덩달아 뿌듯했고요. 선물을 받아든 친구들이 기뻐하는 모습을 보면 제가 더 행복했어요."

"옳거니, 말 잘했다. 그래, 이제 받은 것을 돌려줘야 할 그 친구 놈들은 다 어디로 숨은 거냐?"

청년이 손을 내저으며 말했다.

"언젠가 돌려받을 생각으로 준 게 아니래도요. 제 선물을 받아 준 것, 그게 친구들이 제게 준 선물이죠."

청년의 삼촌은 구시렁대면서 발길을 돌렸다. 아무것도 줘본 일이 없는 사람이니, 베푸는 사람이 부자란 사실을 알 턱이 없었던 것이다.

세 배로 받은 벌

Insight

고생을 사서 하는 사람이 있다. 고생을 사서 하면 골병만 든다. 제발, 가치 있는 일로 고생하라.

왕이 하인에게 말했다.

"시장에 가서 물고기를 사 오너라."

하인은 명령대로 물고기를 사 왔는데, 악취가 풍기는 썩은 생선이었다. 왕은 화가 나서 말했다.

"너는 심부름을 못한 대가로 세 가지 벌 중에 하나를 받아라. 이 물고기를 먹든지, 곤장 100대를 맞든지, 물고기 값을 물어내든지 하나를 선택하거라."

하인은 생선을 먹어치우면 간단하다고 생각했다.

"물고기를 먹겠습니다."

그러나 조금 먹다가, 도저히 냄새가 나서 먹을 수가 없어서, 그 다음으로 간단하다고 생각한 곤장 100대를 맞겠다고 말했다. 곤장을 50대 정도 맞았을 때, 도저히 맞을 수가 없을 정도로 아팠다. 그래서 손바닥을 싹싹 비비며 말했다.

"돈을 내겠습니다."

해고

Insight

주먹으로 얼굴을 맞고도 주먹으로 되돌려주지 않는 사람을 조심하라. 그런 사람이 진짜 무서운 사람이다.

사장에게 감사실 직원이 찾아와서 경리 직원이 공금을 횡령하고 있다고 알려줬다. 사장은 경리 직원을 불러서 물었다.

"자네는 주급을 얼마나 받고 있나?"

"250달러입니다."

"그것 가지고는 생활하기 어려울 걸?"

사장은 잠시 뜸을 들이다가 말했다.

"좋아! 배로 올려 주지."

이 말을 들은 감사실 직원이 화가 나서 사장에게 물었다.

"사장님, 그것이 도둑놈을 처리하는 사장님의 방법인가요? 뭐가 잘못된 것 아닌가요?"

"듣고 보니 자네 말이 옳은 것 같군."

사장은 감사실 직원의 말에 수긍하면서, 다시 경리 직원을 불러놓고 말했다.

"자네 주급을 1,000달러로 인상하네."

경리 직원은 싱글벙글 좋아 하며 나갔다. 이 소식을 들은 감사실 직원은 더 이상 참을 수 없다는 듯이 물었다.

"사장님은 도둑놈에게 포상을 하시는 것인가요?"

사장은 그 직원에게 위로하면서 말했다.

"이번 주말까지만 기다려보게. 그 경리 직원은 해고야. 주급 1,000달러의 직장을 잃게 되면 그는 엉엉 울면서 후회할 거야. 분명 주급 250달러의 직장을 잃게 되면 울지 않을 걸세."

천국의 열쇠

Insight

성공적인 결혼 생활을 하려면 여러 번 사랑에 빠져야 한다. 단, 항상 똑같은 한 여자에게 빠져야 한다. 참 어려운 일이다.

한 여인이 죽어서 천국 문 앞에 이르렀다. 천국 문을 지키는 천사에게 어떻게 해야 천국에 들어갈 수 있느냐고 물었다. 천사는 '천국'이라는 단어의 스펠링을 말하면 들어갈 수 있다고 했다. 여인은 자신 있게 "Heaven!"이라고 말하고 천국에 들어갔다.

몇 년이 지나서, 여인에게 천국 문을 지키는 천사가 찾아왔다. 잠깐 볼 일이 있어서 자기 대신에 천국 문을 잠시 지켜달라고 부탁했다. 여인이 천국 문을 지키고 있는데, 저 멀리서 자신의 남편이 천국 쪽으로 걸어오고 있는 것이 아닌가!

남편은 바람도 많이 피고, 못된 짓도 많이 해서 절대 천국에 오지 못할 거라고 생각했다. 그런데 남편이 천국 쪽으로 걸어오자, 그녀는 깜짝 놀랐다.

남편에게 부인이 어떻게 천국으로 올 수 있었느냐고 물었다.

"당신이 죽고 나서 더 이상 이렇게 살면 안 되겠다고 후회가 물밀듯이 밀려 왔다오. 잘못 살아온 내 삶을 반성하기 위해서 근신하고 봉사하며 열심히 살았어. 그렇게 착하고 열심히 살다보니 젊고 착한 여인을 만나게 되었고, 또 그 여인을 위해서 더욱 열심히 봉사하고 착한 일을 많이 했다오. 그러다가 며칠 전 멕시코 칸쿤으로 휴가를 가서 워터스키를 타다가 사고가 나, 이렇게 죽게 됐다오."

자신과 살 때는 엉망으로 살다가, 자신이 죽고 난 후에 개과천선해서 선한 삶을 살았다는 말에 여인은 너무 화가 났다. 그때 남편이 물었다.

"그런데 여보, 천국에 들어가려면 어떻게 해야 하오."

"간단해요. 제가 말하는 단어의 스펠링을 정확히 말하면 천국의 문이 열린답니다."

"그래, 그 단어가 대체 뭐요?"

"체코슬로바키아."

불공평

Insight

세상은 원래 불공평하다. 이 사실을 일찍 깨우친 사람이 더 빨리 성공한다.

마을에서 제일 부자인 남자와 가장 가난한 남자가 함께 랍비를 찾아갔다. 겉모습만 봐서는 누가 부자이고 누가 가난한지 알 수 없었다.

부자인 남자가 먼저 랍비의 방으로 들어갔다. 한 시간이 넘었지만 상담은 끝나지 않았다. 가난한 남자가 기다리다 지쳐 막 돌아가려고 하자, 부자 남자가 나왔다.

가난한 남자가 랍비의 방으로 들어갔다. 그런데 몇 마디 이야기를 나누지 않았는데, 랍비가 상담을 끝마치려고 했다. 너무 불공평하다고 생각한 가난한 남자가 랍비에게 불평했다.

"랍비님. 당신은 부자와 가난한 사람을 차별하시는 겁니다. 부자인 사람한테는 상담 시간을 한 시간이나 할애하고, 저한테는 채 5분도 안 되잖습니까. 왜 이렇게 불공평하십니까?"

그러자 랍비가 말했다.

"아, 진정하세요. 당신의 경우에는 가난하다는 것을 5분도 채 되지 않아 알아차렸소. 하지만 그 부자의 경우에는 자신의 마음이 가난한다는 것을 알아차리기까지, 한 시간이 넘게 걸렸기 때문이오."

자린고비

Insight

문제가 있어야 답이 있다. 문제가 없으면 정답도 오답도 없다. 그런데 문제도 만들지 않고 답을 기다리는 사람들이, 이 세상에는 너무 많다. 먼저 문제부터 만들어라.

부자이면서도 인색하기로 소문난 남자가 있었다. 자기 자신에게는 물론 마누라에게도 돈을 쓰기를 끔찍이 싫어했다. 어느 날 아들이 찾아오자, 남자가 기다렸다는 듯이 마누라를 험담하기 시작했다.

"니 엄마 때문에 골치 아파 죽겠다. 매일 돈 달라고 아우성이지 뭐니. 한 달 전에는 1만 달러를 달라고 하더니, 2주 전에는 또 5천 달러를 달라는 거야. 그러더니 어제는 1천 달러를 내놓으라고 윽박지르잖아."

아버지가 돈에 관해서는 누구보다도 인색한 것을 아는 아들은 깜짝 놀라며 물었다.

"아니, 도대체 엄마는 그 돈을 다 어디에 쓰는 거예요?"

"글쎄, 나도 모르지. 나도 네 엄마가 어디다 돈을 쓰는지 궁금하단다. 지금까지 돈을 한 푼도 줘 본 적이 없으니까 말이야."

전문성

Insight

뒤를 돌아다보기만 하면서 후회만 하면 앞을 보지 못한다. 뒤돌아봐도 바꿀 수 없는 것들에 시간과 에너지를 소비하지 마라. 바꿀 수 있는 내일을 위해 에너지를 소비하라.

옛날 옛적 한 구두쇠가 살았는데, 이 사람은 자기가 벌어들인 돈을 모두 황금으로 바꿨다. 그리고는 황금을 모두 녹여서 덩이로 만들었다. 그리고는 도둑들의 눈을 속이려고 황금덩이들 겉에 돌멩이 색깔을 칠했다.

구두쇠는 이 돌덩이, 아니 황금덩이를 금고에 넣어서 자기만 아는 비밀 장소에 파묻어 두었다. 그리고 틈만 나면 금고를 혼자 파보고 웃음을 짓곤 했다.

황금을 사들이기만 하고 절대 쓰지 않는다는 이 구두쇠의 소문을 들은 한 도둑이 세밀한 관찰 끝에 황금덩이가 숨겨진 비밀 장소를 알아냈다. 도둑은 금고를 파내서 품에 안고 얼씨구나 하고 도망쳤다.

몰래 숨겨둔 황금덩이를 도둑맞았다는 사실을 안 구두쇠는 울고불고 생난리를 쳤다. 비탄, 고통, 회한이 가득 찬 울음바다 그 자체였다.

구두쇠의 울음소리는 바람을 타고 신이 살고 있는 곳까지 들렸다. 그리하여 신도 이 사나이에 대해서 호기심을 갖게 되었다. 신이 구두쇠 앞에 나타나 물었다.

"황금이 얼마나 있으면 부인과 아이들을 먹여 살릴 수 있겠느냐?"

신이 물었다. 도둑맞은 황금 대신에 그만큼의 황금을 갖다 줄 요량이었다.

"나는 아내도 없고 아이들도 없소이다."

"그럼 지금까지 그 황금을 그대 자신만을 위해서 썼는가?"

"쓰다니요? 오직 모아 두기만 했죠."

"내 생각에 도둑을 잡거나 황금덩이를 다시 찾을 가능성은 없을 것 같다. 하지만 그 때문에 슬퍼할 필요는 없겠구나. 그냥 모아 두기만 할 작정이라면 돌멩이를 모아 두어도 상관이 없지 않겠는가? 돌멩이라면 어디서든 얼마든지 구할 수 있을 테니 말이다."

이 충고에 구두쇠는 별 멍청한 소리를 다 듣겠다며 욕지거리를 퍼부으며 신을 쫓아냈다. 그리고는 사라져 버린 황금덩이를 생각하며 다시 애통해했다.

그러던 어느 날 구두쇠는 자기 황금덩이와 너무나 똑같이 닮은 돌멩이를 발견하게 되어, 그 돌멩이를 주워 금고 속에 넣어 두었다. 그후로 구두쇠는 금덩이와 닮은 돌멩이만 보면 모아들여 수집품 목록을 늘려 갔다.

황금 대신 돌멩이를 모아놓고 혼자서 흐뭇해하던 구두쇠는 차차 광물학과 지질학, 기타 관련 학문에 흥미를 갖게 되었다. 이윽고 구두쇠는 고생물학자가 되었다. 학문에 이렇게 사로잡히는 것은 가벼운 정도의 강박증이어서 먼젓번의 그런 광기보다 사회적 질투심도 훨씬 덜했다.

그 구두쇠는 수많은 이웃들한테서 호감을 샀으며, 소문을 듣고 수많은 사람들이 찾아와서 화석과 수석에 대한 강의를 들을 정도였다.

웃고 있는 이유

Insight

자꾸 일을 미루다보면, 미루는 것이 습관이 되는 게 아니라 게으름이 습관이 된다. 게으름은 우리를 불가능한 인간으로 만든다.

디오게네스는 어느 날 길모퉁이에 서서 미친 사람처럼 웃고 있었다. 길을 가던 행인이 물었다.

"뭣 때문에 웃고 있소?"

"저 길 한가운데 있는 저 돌이 보이시오? 내가 오늘 아침 여기 온 이후로 열 명의 사람들이 그곳에 걸려 넘어졌고, 그걸 저주했지요. 그러나 그들 중 아무도 다른 사람들이 넘어지지 않도록 그 돌을 치워 놓는 사람은 없더라고요."

고장난 시계

Insight

1시간 60분, 1일 24시간, 1년 365일. 시간은 모든 사람에게 공평하다. 1시간을 1일처럼 쓰는 사람이 있고, 1일을 1시간처럼 쓰는 사람이 있다. 누가 성공할까? 인생은 우리가 믿는 대로 된다. 고장난 시계를 믿는다면 우리 인생도 고장나기 마련이다.

한 가난한 유대인이 손목시계가 고장났지만 돈이 없어 계속 차고 다녔다. 하지만 그는 바늘이 움직이지 않는 손목시계를 만나는 사람마다 붙잡고 자랑했다.

"내 시계는 그 어떤 시계보다 좋은 거라네. 이것보다 조용한 시계는 없을 거야."

사람들이 한심하다는 눈빛을 보내자, 가난한 유대인은 더 목소리를 높여 시계를 자랑했다.

"조용하기만 한 게 아니야. 본래 시계란 움직이고 있으면 절대로 시간이 맞질 않네. 반드시 얼마 정도는 빠르거나 늦지. 하지만 내 시계는 이렇게 7시 반을 가리키고 있으니, 하루에 두 번은 정확하게 맞는다네. 얼마 정도의 틀린 시간을 계속 가리키는 시계보다는 하루에 딱 두 번이라도 0.1초도 틀리지 않는 내 시계가 낫지 않은가?"

여자의 직감

Insight

거울을 보고 물어봐라. 지금까지 누가 나를 힘들게 하고 실패하게 했는지? 내가 나에게 했던 거짓말들이다.

결혼한 지 1년이 된 여자가 친정 나들이를 하게 되었다. 모처럼 친정어머니와 단둘이 마주앉아 수다를 떨었다. 딸은 어머니에게 남편이 거짓말을 입에 달고 산다고 하소연했다. 그러면서 어머니에게 자기 통찰력에 대해 말했다.

"저는 남편이 거짓말을 할 때면 금방 느낌으로 알아차려요."

"어떻게 남편의 거짓말을 느낌만으로 알 수 있니?"

"왜 그걸 몰라요? 저는 남편이 거짓말을 할 때면 금방 눈치로 때려잡을 수 있어요."

딸의 이야기를 듣고 있던 어머니가 한숨을 쉬면서 말했다.

"얘야, 난 네 아버지와 오랫동안 함께 살아왔지만, 지금도 거짓말하는 것을 쉽게 알아차릴 순 없단다."

"어머니, 글쎄 나는 틀림없이 안다니까요!"

"대체 어떻게 거짓말을 알 수 있지?"

"제 남편은 거짓말을 할 때마다 입술을 벌리고 혀를 움직이거든요."

말썽꾸러기

Insight

성공의 실마리는 사람마다 다르다. 세상의 모든 것이 궁금한 사람에게는 구름도 나무도 심지어 닭대가리도 물음표로 보인다.

공부는 않고 너무나 말썽꾸러기여서 모든 학교에서 쫓겨난 유대인 아이가 있었다. 성적은 형편없었고 부모는 아이 때문에 근심이 끊이지 않았다. 그 아이가 갈 수 있는 학교는 이제 가톨릭 학교밖에 없었다. 아버지는 어쩔 수 없이 가톨릭 학교로 아이를 보냈다.

아니나 다를까 아이를 학교에 보낸 지 얼마 지나지 않아, 교장 선생님으로부터 호출이 왔다. 아이 때문에 여러 번 학교에 불려 다닌 터라, 이번에도 그런 줄로 알고 절망적인 마음으로 학교에 갔다. 교장실에 들어가자, 교장은 환한 미소로 부모를 맞이했다.

그리고는 뜻밖에 아이에 대한 칭찬을 늘어놓기 시작했다.

"이 아이처럼 예의바르고 착한 학생을 저희 학교에 보내주셔서 너무 감사합니다. 또 공부는 얼마나 열심히 하는지, 지금까지 이런 학생을 본 적이 없습니다. 성적도 우수하고 품행도 좋은 이 아이는 저희 학교의 자랑입니다. 이 아이 때문에 유대인에 대한 저의 편견도 말끔히 사라졌습니다."

어리둥절한 부모는 아들을 데리고 집으로 돌아왔다. 부모는 교장의 말이 믿기지 않아, 아이에게 어찌된 일인지 물었다.

"그건요, 그 학교에서 장난을 쳤다간 끝장날 거라는 사실을 알았기 때문이에요. 글쎄, 입학하던 날 벽을 보니까 어떤 사람이 십자가에 매달려 피투성이가 되어 있잖아요! 그걸 보는 순간 '아차! 큰일났구나' 하는 생각이 들었어요. 그런데 뭐 잘못된 것이 있어요?"

유대인 부모는 아이의 말을 듣고는 안도의 한숨을 내쉬었다.

성교육

Insight

양동이에 담긴 물로 강물을 알 수 없고, 대리석 조각 하나로 건축물을 알 수 없다. 성은 아름다운 것인데, 자꾸만 나쁜 것으로 가르친다.

아버지가 학교에서 돌아온 아들에게 물었다.

"오늘은 학교에서 무엇에 대해 배웠니?"

아들이 대답했다.

"성교육에 대한 강의를 들었어요."

"성교육이라고? 그래 그 내용이 뭐더냐?"

아들은 아주 나쁜 것을 이야기하듯 곤혹스러워하며 말했다.

"처음에는 사제가 강의했는데, 그는 왜 우리가 섹스를 해서는 안 되는가에 대해 얘기했어요. 그리고 두 번째 강의는 의사 선생님이 하셨는데, 그는 아기를 생기지 않게 하는 방법을 강조했어요. 마지막으로 강의를 하신 교장선생님께서는 우리가 섹스를 삼가야 하는 장소에 대해 말씀하시더군요."

절제와 쾌락

Insight

인생의 자연스러움은 차례에서 온다. 세상에는 봄, 여름, 가을, 겨울처럼 차례가 있다. 할아버지보다 아버지가 먼저 죽고 아버지보다 자식이 먼저 죽는 것처럼, 차례가 어긋날 때 인생은 엉망이 된다.

절제하며 살아야 참된 인생이라고 생각하는 청년이 있었다. 그래서 청년은 수도자처럼 물과 약간의 과일, 빵만 먹으며 지냈다. 당연히 여자도 멀리했다.

어느 날 청년의 친구가 말했다.

"자네가 알지도 못하는 걸 무조건 거부만 하면 되겠나? 나는 방탕하게 사는 편은 아니지만, 이따금 맛난 식사에 포도주 한두 잔은 곁들여 마시지."

청년은 친구의 일리 있는 지적에 내심 당황했다. 싸움에 임하려면 먼저 적을 알아야 하듯이, 절제하려면 쾌락을 알아야 할 것

같았다.

수도자처럼 살던 청년은 그날부터 딴사람으로 돌변했다. 파티란 파티에는 빠짐없이 얼굴을 내밀고, 술타령을 하고, 어여쁜 여자들에게 둘러싸여 긴 세월을 보냈다.

천하에 없는 방탕아의 행실이 두루 몸에 익었을 즈음, 친구가 또 찾아왔다.

"그래, 새 생활이 마음에 드나?"

청년이 곰곰이 생각한 끝에 고개를 흔들었다. 청년은 처음에는 쾌락을 즐기는 일이 꽤 재미있었다. 하지만 시간이 지날수록 행복하기는커녕 밤새 놀다가 깨면 허탈감과 함께 죄책감에 밀려왔다. 청년은 예전의 생활로 돌아가기로 마음먹었다.

몇 달 후, 청년이 해맑은 얼굴로 친구를 찾아갔다.

"이제야 나는 참된 인생의 길을 되찾았다네."

"술도 딱 끊고, 파티에도 안 가고, 여자들도 멀리한단 말인가?"

"아냐, 그래도 어쩌다 한 번쯤은 즐긴다네."

"그럼 자넨 누구나 자연스럽게 가는 길을 찾는 데, 인생의 절반을 허송한 셈이군?"

본성

Insight

말을 물가에 끌어다 놓기만 해 봐라. 물을 안 마시긴 왜 안 마셔? 본성은 교육해서 바꿀 수 있는 것이 아니다.

어느 날 양치기가 어미를 잃은 새끼 늑대들을 우연히 발견했다. 양치기는 잘만 가르치면 이 새끼 늑대들이 양떼를 지킬 수 있으리라 생각하고, 새끼 늑대들을 기르기로 작정했다.

양치기는 새끼 늑대들을 잘 먹여 주고 자기 명령에 복종하도록 열심히 훈련시켰다. 새끼 늑대들이 양떼를 놀라게 했을 때는 매를 때리고, 그렇지 않고 얌전하게 굴었을 때는 맛있는 먹이를 던져 줬다. 그렇게 여러 달 동안 힘들여 노력한 끝에 양치기는 자신의 끈기 있는 훈련이 드디어 결실을 맺었다는 확신이 들었다.

그래서 양치기는 양떼를 새끼 늑대들한테 맡겨 두고 읍내로 가서, 사람들에게 자기가 기른 '신종 양치기 개'를 사지 않겠느냐고 선전했다. 이 말에 귀가 솔깃한 마을 사람들과 함께 돌아와 보니, 어라? 글쎄 이놈들이 자기가 없는 틈을 타서 양떼를 모조리 잡아먹어 버린 게 아닌가!

부자가 되는 길

Insight

부자가 되는 것은 별개 아니다. 먼지만큼이라도 어제보다 오늘이 나아지고, 오늘보다 내일이 더 좋아지면 된다. 다만 그것을 지속하기가 너무 어렵다는 게 문제다.

제자의 영적 진보에 매우 감명을 받은 스승이 있었다. 스승은 제자에게 더 이상 가르칠 게 없다고 판단했다. 그래서 제자를 어느 강둑 위에 있는 작은 오두막에 남겨 두고 떠났다.

그러던 어느 날 쥐들이 제자의 옷을 갈기갈기 찢어 놓았다. 제자는 할 수 없이 마을 사람들한테 다른 옷을 구걸해야 했다. 쥐들이 이 옷도 갉아먹어 구멍을 내자, 제자는 새끼 고양이 한 마리를 구했다.

이제 쥐 때문에 생기는 문제는 없어졌다. 하지만 이제는 자기 양식뿐만 아니라, 고양이를 위해 우유도 덧붙여 구걸해야 했다.

제자는 생각했다.

'구걸하기가 너무 힘들군. 마을 사람들에게 면목이 없으니 말야. 차라리 내가 암소를 키우는 게 낫겠어.'

암소를 갖게 되자, 이번에는 암소를 위해 꼴을 구걸해야 했다. 그리하여 마침내 '내 오두막 주위에 있는 땅을 일구는 게 차라리 쉽겠다'고 생각한 그는 집 주변의 땅을 일궜다. 그러다보니 묵상할 시간이 거의 없게 되었고, 그는 자기 대신 그 땅을 일굴 일꾼을 고용했다.

어느덧 일꾼들을 감독하는 일이 또 힘에 부치게 되자, 자기와 더불어 살며 이 일을 거들어줄 여인과 결혼을 했다. 그리하여 열심히 일한 그는 얼마 지나지 않아, 그 마을에서 제일가는 부자가 되었다.

몇 년이라는 세월이 지난 후, 스승이 돌아오는 길에 그곳을 다시 들르게 되었다. 스승은 한때 오두막 하나만 덩그러니 서 있던 그 자리에 으리으리한 집이 지어져 있는 것을 보고 매우 놀랐다. 어찌된 영문인지 알아보기 위해서 하인 한 사람에게 말했다.

"이곳이 내 제자가 살던 그 오두막이 있던 곳이 아닌가?"

그가 대답을 듣기도 전에 제자가 나타났다. 스승이 제자에게 물었다.

"여보게, 이게 도대체 어찌 된 일인가?"

"믿기지 않으실 겁니다, 스승님. 하지만 제 옷을 간직하려면 어쩔 도리가 없었습니다!"

사랑

Insight

잘게 자른 장미 꽃잎으로 아름다운 장미를 만드는 사람은 없다. 사랑도 마찬가지다. 사랑을 분석하기 시작하면, 그건 이미 사랑이 아니다.

철학 박사가 되기 위한 코스를 공부하고 있던 한 남자가 있었다. 거의 아내는 남편에게 한 마디 질문을 함으로써, 남편이 얼마나 열심히 공부하고 있는지 알게 되었다.

"당신은 나의 어떤 점이 좋아서, 나를 그토록 사랑하죠?"

말이 떨어지기가 무섭게 대답이 나왔다.

"그토록이라는 그 말은 강도를 뜻하는 거요? 아니면 깊이, 빈도, 질 또는 지속성을 뜻하는 거요?"

근심

Insight

일 년 전, 한 달 전에 무슨 걱정을 했는지 기억할 수 있는가? 당장 해결할 수 있는 걱정만 하라. 걱정만 하기에는 인생이 너무 짧다.

가난한 남자가 랍비에게 하소연했다.

"랍비님! 유월절을 앞두고 준비해야 할 것이 많아서 저는 근심이 태산 같습니다."

랍비가 물었다.

"무슨 근심이 그렇게 많은가요?"

"무교병(Mazzah, 유대인들이 절기를 지킬 때 먹는 전통 음식으로 누룩을 넣지 않고 구운 빵이나 과자를 말한다) 살 돈이 없어요. 아이들과 아내에게 입힐 옷 살 돈도 없어요. 포도주 살 돈도 없고요. 이래저래 근심입니다."

랍비가 물었다.

"무교병은 얼마인가요?"

"20달러요."

"아이들 옷은 얼마인가요?"

"모두 100달러요."

"아내 옷은 얼마인가요?"

"50달러요."

"포도주는 얼마인가요?"

"20달러요."

랍비가 말했다.

"그러면 지금부터 한 가지 근심만 하세요. 190달러 근심 하나로 족합니다."

개종

Insight

스스로를 돕지 못하는 사람을 남이 도와줄 수는 없다. 근데, 스스로 도울 수 있는 사람을 굳이 남이 나서서 귀찮게 할 필요가 있을까?

보험회사 직원인 남자가 있었다. 그는 성실하면서도 매우 유능하기까지 했다. 회사의 사장은 그 남자를 지점의 책임자로 승진시키고 싶었다. 그런데 한 가지 문제가 있었다. 이 회사는 사장뿐만 아니라, 이사들이 모두 가톨릭 교인이었는데 남자는 유대 교인이었다.

사장은 고민 끝에 그 문제의 대안으로 개종을 시키자는 결론을 내렸다. 그래서 현명하기로 유명한 가톨릭 신부를 소개받았다. 가톨릭 신부는 그 직원을 만나 이야기를 나눴다. 꽤 오랜 시간이 흐르고 남자와 신부의 면담이 끝났다.

사장은 면담을 마치고 나오는 신부를 향해 인사말을 건넸다.

"신부님, 감사합니다. 물론 성공하셨겠지요?"

그러자 신부는 난감한 표정을 지으면서 말했다.

"아, 아니오. 시간이 조금 더 필요합니다. 오히려 내가 그 직원에게 설득되어 10만 달러짜리 보험 계약만 하고 말았지 뭡니까."

딸과 며느리

Insight

3대 거짓말이 있다. 노처녀 절대 시집 안 가겠다는 말, 노인이 빨리 죽고 싶다는 말, 장사꾼이 이 물건 밑지고 판다는 말이다. 이 3대 거짓말에 뒤지지 않는 말이 있다. 시어머니가 며느리를 딸처럼 여긴다는 말이다. '딸처럼'이라는 말은 딸과 동격은 아니다. 딸과 같이 여긴다는 말에서 이미 딸이 아니라는 의미가 들어있다.

서로 친구 사이인 두 부인이 수년 만에 만났다.

"그래, 네 아들은 지금 어떠니?" 하고 부인이 묻자, 상대편 부인은 한숨을 내쉬며 대답했다.

"내 아들? 가엾고 가엾은 내 아들 말이지? 그 녀석은 불행한 결혼을 했어. 내 며느리는 집안일에는 손도 까딱하지 않아. 요리건, 빨래건, 바느질이건, 청소건 할 것 없이 모두 내팽개치고는 침대에서 잠이나 자고 책이나 뒤적거리면서 빈둥거린단다. 그 불쌍한 녀석은 제 부인을 위해 침대에까지 아침식사를 가져다주곤 하지. 믿을 수 있겠니?"

"쯧쯧 안 됐구나. 그럼 네 딸은 어떻게 되었니?" 하고 부인이 묻자, 상대편 부인은 즐거운 표정을 지으면서 대답했다.

"내 딸애? 그 애는 정말이지 행운아란다. 그 애 남편은 천사와 같아. 자기 처에게 집안일을 하나도 시키지 않는단다. 요리며, 빨래며, 바느질이며, 청소 따위는 하인들이 다 해주고 말이야. 그리고 그 애 남편은 그 애를 위해 침대에까지 아침식사를 가져다준단다. 믿을 수 있겠니? 그 애는 온종일 잠이나 즐기고 침대에서 쉬면서 책이나 뒤적거리는 게 고작이야."

입장 차이 1

Insight

당신의 호의를 진실로 감사하게 받아들이는 사람이 있는가? 대부분 사람들은 호의가 계속되면 권리인 줄 안다.

돈 많은 사업가가 길을 가다가 우연히 옛친구를 만났다. 옛친구의 모습이 초라해 보였다.

"여보게 친구, 요즘 형편이 어려운가 보군."

사업가는 머뭇거리다가 안주머니에서 100달러짜리 지폐를 꺼내더니 친구에게 주었다.

"실례가 될지 모르지만, 내 성의니까 받아주게나."

"고맙네, 이 은혜 잊지 않겠네."

그들은 그 길로 헤어지고 다시 일 년이 흐른 뒤에, 우연히 길에서 마주쳤다. 사업가가 먼저 말했다.

"아직도 자네의 모습은 일 년 전과 똑같구먼. 자, 50달러네. 생활비에 보태 쓰게나."

"고맙네, 면목이 없네."

세월은 또다시 일 년이 흘렀고, 그들은 다시 만났다. 옛친구의 모습은 더욱 초라해져 있었고, 사업가는 그런 그의 모습을 보고 말했다.

"자, 25달러네. 이것으로 밥이라도 사먹게나."

"자네도 사업이 어려워지는가 보군."

"아닐세, 사업은 갈수록 잘되고 있다네. 다만 내가 자네를 처음 만났을 때는 혼자였고, 두 번째 만났을 때는 결혼하여 아내를 맞이했고, 지금은 아이가 하나 생겼지 뭔가. 그래서 그런 거라네."

듣고 있던 옛친구가 마치 받을 돈을 받지 못한 듯 당당하고 뻔뻔하게 말했다.

"그러면 이제까지 내게 줄 돈으로 자네 처자식을 먹여 살린 것이구먼."

입장 차이 2

Insight

수많은 식당에서 같은 음식을 팔더라도 잘되는 집이 있고 파리만 날리는 집이 있다. 맛, 가격, 파는 사람, 분위기 등 모든 것에는 차이가 있다. 차이가 결과를 만든다.

가난했지만 성실함과 똑똑함으로 큰 부를 일군 유대인 남자가 있었다. 어느 날 유대인 남자가 거리를 걷고 있는데, 한 거지가 그를 알아보고 다가와 손을 내밀었다.

"부디 한 푼만 적선해주십시오."

그는 인정 많은 사람이었으므로 지갑에서 소액의 지폐 몇 장을 꺼내 거지에게 줬다. 거지는 아쉬운 표정을 지으며 말했다.

"선생님, 지난 번 댁의 아드님께서는 이것보다 몇 배나 더 주셨는데요."

그러자 유대인 남자는 미소를 지으며 대답했다.

"내 아들에게는 돈 많은 아버지가 있지만, 유감스럽게도 나에겐 그런 아버지가 없다네."

나이 차이

Insight

치킨을 먹고 나서 뼈만 앙상하게 남아 있다면 양념치킨을 먹었는지, 후라이드를 먹었는지 알 수 없다. 부부의 나이 차이도 이와 똑같다.

40세가 된 어떤 남자가 20세밖에 안 된 아가씨와 결혼을 했다. 나이 차이가 스무 살이나 되기 때문에, 이러쿵저러쿵 말이 많았다.

어느 날 길에서 부잣집 노부인과 마주쳤다. 마을에서 마당발로 통하는 노부인이 주저 없이 그 얘기를 끄집어냈다.

"얘기를 듣자니 아주 젊은 부인을 얻으셨다고요?"

남자는 고개를 저으며 대답했다.

"아닙니다. 저와 아내는 동갑인걸요. 누가 그런 말을 합니까?"

남자가 시치미를 떼자, 언짢아진 노부인이 다시 말했다.

"아니, 부인이 소녀처럼 젊다는 말을 들었는데요. 하하!"

"아닙니다. 그럴 리가 없어요. 우린 동갑이라니까요. 아내는 20세이고 저는 40세거든요. 그런데 함께 사니 저는 10년이 젊어진 것 같고 아내는 10년이 더 성숙한 것 같은 느낌이 들죠. 그러니까 내 나이에서 열 살을 떼어 아내 나이에 보태면, 둘 다 30세가 된다 이 말씀이에요."

해와 바람

Insight

자기 성질과의 싸움에서는 자기 성질한테 져주는 것이 이기는 지름길이다.

자기의 명랑한 성격에 항상 자부심을 갖고 있던 태양이, 험악한 성격에 누구 못지않은 자부심을 갖고 있던 북풍과 말다툼을 벌이게 되었다.

태양은 친절하고 따뜻한 자기 성격이 모든 이들로부터 존경을 한 몸에 받는 원천이라고 자랑했고, 북풍은 폭풍처럼 몰아붙이는 자기 성격 때문에 자기가 더 큰 존경을 받고 있다고 떠벌렸다.

말다툼의 결판을 낼 요량으로 태양이 이렇게 제안했다. 밭에서 일하고 있는 농부의 겉옷을 누가 벗겨낼 수 있는가를 시합해보자는 것이었다.

북풍은 이 제안에 동의하고 자기가 먼저 해보겠다고 했다. 북풍은 얼음처럼 차갑고 매운 회오리바람을 농부에게 퍼부었다. 그러나 바람을 강하게 보내면 보낼수록 농부는 옷을 바짝 끌어당겨 더욱더 꼭 껴입었다.

다음은 태양의 차례였다. 태양은 자기가 가진 가장 따스한 햇살을 농부에게 흠뻑 쏟아 부었다.

"에이, 날씨 한번 요상하네. 아까는 바람이 그렇게 몹시 몰아치더니 이번엔 뜨거운 해가 쨍쨍 내리쬐니, 참."

농부는 투덜거리면서 겉옷을 벗어던졌다.

태양은 자기가 승자가 된 결과에 신이 나서 '하하!' 웃었으나, 북풍은 완전히 승복하지 않았다.

"잠깐! 네가 이긴 건 이긴 거야. 거기 대해선 불만이 없어. 하지만 어디 이번엔 누가 저 농부의 옷을 다시 입힐 수 있는가 시합을 해보자."

"참 치사하구나. 졌으면 깨끗하게 졌다고 할 일이지. 다른 게임은 무슨 또 게임이냐? 하지만 군이 원한다면 못할 것도 없지."

자신감에 넘친 해는 더욱 많은 햇볕을 농부에게 쏟아 부었다. 하지만 농부는 땀을 뻘뻘 흘리게 되니까 오히려 입고 있던 러닝셔츠까지 벗어 버리고 계속 일을 했다.

그러자 '기회는 이때다!' 싶은 바람이 쌀쌀한 돌풍을 날려 보냈다.

"나 참, 이렇게 변덕스러운 봄 날씨는 처음이야."

농부는 이렇게 중얼거리면서 러닝셔츠와 겉옷을 다시 주워 입었다. 이번에는 바람이 승자가 되었다.

해는 자신이 졌다는 사실에 매우 상심이 되었지만, 아까 자기 성품이 명랑하다고 떠벌렸던 기억을 되살리고는 심술을 부릴 수도 없었다. 이렇게 자기의 감정을 꽉꽉 억누른 것이 화근이었다. 결국 다음 날 심인성 두드러기를 일으켜 얼굴 표면에 태양의 흑점이라는 큰 얼룩을 여기저기 만들어내고 말았다.

왕과 내시

Insight

사촌이 땅이라도 사야 위장병을 고친다.

한 귀족 청년이 우연히 궁전에 들렀는데 왕비들 가운데서도 가장 어리고 어여쁜 왕비를 보자, 자기도 모르게 사랑에 빠졌다. 청년은 머리를 짜내고 또 짜내서, 마침내 그 왕비를 만날 기회를 얻었다. 하지만 기쁨도 잠시, 침실을 호위하던 내시에게 발각되었다.

귀족 청년이 내시에게 다급하게 말했다.

"잠깐만요! 경비병은 좀 있다가 부르시고요. 이 반지가 마음에 드실지 모르겠습니다."

청년은 갖고 있던 커다란 루비 반지를 내놓았다. 그러나 내시가 우직하게 말했다.

"난 내 직무에 충실할 따름이다."

청년은 이제 내시의 선한 성품에 한 가닥 기대를 걸 수밖에 없게 되었다. 청년이 슬픈 표정으로 호소했다.

"왕께서는 필경 저를 팔팔 끓는 물에 처넣으실 겁니다. 앞길이 구만리 같은 젊은 놈이 그런 식으로 죽어야 하다니, 참 허무합니다. 제가 그렇게 처참하게 죽고 나면 내시님도 그 일이 양심에 걸려 괴로워하실지 모릅니다."

그러나 내시의 대답에는 아무런 감정도 묻어 있지 않았다.

"다 네 잘못인데 누구를 원망하겠는가?"

자기 잘못을 최대한 줄여 보려는 심정에서 청년은 계속 내시에게 매달렸다.

"그 여자야 왕한테나 쓸모가 있지, 사실 당신 같은 내시한테야 무슨 소용이 있겠습니까? 왕한테도 아주 가끔씩만 필요하다는 건 당신이 더 잘 알고 계실 겁니다. 그러니까 그냥 놔두면 그대로 썩어 문드러질 몸을 제가 좀 탐했다고 해서, 그게 그렇게 목숨을 내놔야 할 만큼 큰 죄란 말입니까?"

이 말을 들은 내시는 불같이 화를 내면서 경비병들을 불렀다. 그리하여 청년은 왕 앞으로 끌려갔다. 자초지종을 다 들은 왕은 깊은 한숨을 쉬며 말했다.

"아, 아쉽도다. 내가 만일 다시 한 번 젊어져서 사랑을 위해 목숨까지 바칠 수만 있다면, 무슨 일인들 어찌 마다 하리!"

용감했던 젊은 날의 기억에 마음이 좀 누그러진 왕은 그 청년을 풀어주라고 명령했다. 그리고 선물로 '잘못을 저지른' 아내까지 하사하고, 가장 아름답지만 가장 멀리 떨어진 영토의 한 구역을 둘이서 함께 다스리게 했다.

하지만 내시는 지나치게 감상적이고 관대한 처분에 화가 난 나머지, 그 길로 침실 호위병 직책을 박차고 나와서 잡화점을 개업했다. 도시의 여인들에게 향수도 팔고 연고도 팔고 화장품도 팔고 해서, 그 내시는 얼마 안 가 왕만큼 큰 부자가 되었다.

화

Insight

본분을 잊지 마라. 애완견은 애완용일 뿐이다. 사람이 먼저다.

한 남자가 버스에 올랐다. 앉을 자리를 찾아봤지만 빈 자리가 없었다. 그때 버스 안쪽에 매우 뚱뚱한 부인이 개 한 마리를 데리고 앉아 있었다. 그 개도 주인을 닮아 매우 뚱뚱했고, 한 사람이 충분히 앉을 수 있는 자리를 차지하고 있었다.

남자는 몹시 지친 상태여서, 부인에게 조심스럽게 부탁했다.

"부인, 미안합니다만 개가 앉은 자리를 저에게 양보해주실 수 없을까요?"

그러나 부인은 일부러 못 들은 체했다. 그래서 남자는 한걸음 더 다가가 부인에게 부탁했다.

"부인, 당신 개 대신 제가 앉아도 될까요?"

부인은 남자를 쳐다보면서 딱 잘라 거절했다. 순간 너무나 화가 치민 남자는 그 개를 번쩍 들어 버스 창밖으로 던져 버렸다.

그러자 소스라치게 놀란 부인이 소리쳤다.

"나쁜 건 개가 아니라 나란 말이에요. 개 대신 나를 던졌어야 죠!"

거룩함

Insight

나를 알고 적을 알면 백전백승이다. 그런데 나를 속이기 시작하면 나를 알 방법이 없다. 백전백패다.

랍비가 학생들에게 물었다.

"거룩한 것이 무엇인가?"

그러자 여러 학생들이 대답했다.

"하느님을 위해 목숨을 바치는 일입니다."

"늘 기도하는 일입니다."

다른 말들이 많았지만 랍비는 거룩한 것에 대해 말했다.

"무엇을 먹을 것인가와 어떻게 야다(성교)를 행하는가에 있다."

그러자 학생들이 떠들기 시작했다.

"돼지는 먹지 않는가요? 돼지는 성교하지 않는가요?"

"하느님을 위해 목숨을 버리는 일은 남에게 알려진다. 늘 기도하는 일도 남에게 알려진다. 그것들은 모두가 알 수 있는 일들이다. 하지만 너희가 자기 집에서 무엇을 먹고 있는지는 아무도 모른다. 성행위도 남이 보는 것은 아니다. 그러므로 집에서 식사를 할 때나 성행위를 할 때에는 사람은 동물도 될 수 있고 천사도 될 수 있다. 이때 자기를 천사에 가깝게 이끌 수 있는 사람이 거룩한 것이다."

선한 마음, 악한 마음

Insight

마음이라는 이상한 과일 나무가 있다. 뿌리는 같은데 열매가 다르다.

랍비가 5명의 제자를 앉혀 놓고 물었다.

"인생에서 추구해야 할 가장 좋은 것은 무엇인가?"

"좋은 눈입니다."

"좋은 친구입니다."

"좋은 이웃입니다."

"미래를 보는 지혜입니다."

"선한 마음입니다."

이것을 들은 랍비가 결론을 내렸다.

"선한 마음속에는 모두가 들어 있다."

랍비가 다시 물었다.

"인생이 피해야 할 가장 나쁜 것은 무엇인가?"

"악한 눈입니다."

"악한 친구입니다."

"악한 이웃입니다."

"돈을 빌리고도 갚지 않는 사람입니다."

"악한 마음입니다."

이것을 들은 랍비가 결론을 내렸다.

"악한 마음속에는 모두가 들어 있다."

모순

Insight

신용카드가 생기고 나서부터 현대인들은 빚으로 인생을 살아간다. 일 년만 신용카드 없이 현금으로 살아보라. 부자가 되는 방법은 멀리 있지 않다.

한 상인이 랍비에게 말했다.

"세상살이는 참 모순투성입니다. 부자들은 외상으로도 물건을 살 수 있는데, 가난한 사람들은 현금을 내지 않으면 아무것도 살 수 없으니까요."

"그야 간단한 이치가 아닐까요? 부자는 돈이 있고 가난한 사람은 돈이 없기 때문이지요. 그러니 장사꾼들이 부자에게 외상을 주는 것은 당연하지요. 하지만 돈이 없는 사람들에게도 똑같이 외상을 준다면 모두 망해 가난해질 테니까요."

랍비의 설명을 들은 상인이 고개를 가로젓으며 말했다.

"아니지요. 반대로 해야 하지요. 부자는 돈이 있으니까 현금으로 물건 값을 지불하고, 가난한 사람들은 돈이 없으니까 외상으로 물건을 사야 이치에 맞는 것이지요."

랍비는 한심한 눈빛으로 상인을 쳐다보며 말했다.

"당신은 왜 그렇게 내 말을 못 알아듣소? 만약 돈이 없는 사람들에게 외상으로 물건을 판다면, 상점 주인들이 모두 파산하여 가난뱅이가 될 것 아니오?"

그러나 상인은 끝까지 자기의 주장을 굽히지 않고 우겼다.

"아니, 못 알아듣는 쪽은 랍비님이십니다. 상점 주인들이 가난해지면 또 외상으로 물건을 사들이면 되지 않습니까? 제 말을 이해하지 못하겠어요?"

절대 그 꼴은 못 봐

Insight

세상의 모든 악에는 오직 한 가지 원인만이 있다. '내 것이다'라는 소유욕 말이다. 원하는 것을 소유하면 분명 행복하다. 그러나 그보다 더 큰 행복은 갖지 못할 것을 원하지 않는 것이다.

지독한 구두쇠가 있었다. 그는 너무 욕심이 많아서, 그의 아내가 거의 죽어가고 있는데도 돈 계산만 하고 있었다. 자식들이 의사를 불러야 한다고 말해도 그는 돈 걱정만 했다.

"아내가 죽으면 또 장가를 들면 그만인 것을, 죽고 사는 것은 사람에게 달린 문제가 아니라 운명에 의해 결정되는 것이지. 그러니 왜 쓸데없이 돈을 쓰겠느냐. 만약 네 어미가 살아날 운명이라면 어차피 살아날 것이야. 그러니 의사를 부르는 것은 아무런 소용이 없단다."

그러자 옆에 있던 그의 친구들이 말했다.

"자네같이 욕심 많은 사람은 처음 보네. 자네가 욕심이 많다는 소리를 듣기는 했지만 너무 심하지 않은가? 자네가 죽으면 이 돈이 다 무슨 소용이 있겠는가?"

구두쇠가 말했다.

"물론 나도 그것을 알고 있다네. 하지만 내게도 계획이 있네."

"무슨 계획이 있는가?"

"나는 죽기 전에 이 돈을 배에 싣고 가다가 돈과 함께 바다 깊숙이 뛰어들 것이네."

그 말을 들은 친구들이 어이없어 하며 말했다.

"자네는 정말 제정신이 아니군. 그렇게 한다고 해도 어차피 자네는 그 돈을 가지고 저세상에 갈 수 없다네."

그러자 구두쇠가 말했다.

"나도 잘 알고 있네. 하지만 절대 내 돈으로 다른 사람이 즐기는 꼴은 볼 수가 없네."

흠집

Insight

많은 사람들이 완벽함을 꿈꾸다가 하찮은 것을 미룬다. 하지만 바로 실행할 수 있는 하찮은 계획이, 언젠가 만들어질 완벽한 계획보다 낫다. 하찮음이 쌓여 완벽함이 된다.

지나치게 완벽을 추구하는 조각가가 있었다. 그는 자신의 작품이 사람인지 조각인지 모를 정도로 완벽해야 직성이 풀리는 조각가였다. 자신의 죽음이 가까워지자, 그는 저승사자의 눈을 속일 방안을 궁리하다가 자신을 꼭 닮은 조각 11개를 만들었다. 그리고 자신은 그 사이에 숨어 있었다.

저승사자는 그를 찾을 수 없었다. 도저히 찾을 수가 없다고 보고하자, 하나님이 그를 찾아낼 방법을 귀뜸해줬다. 그 묘수를 가지고 다시 조각가의 집을 찾은 저승사자는 작품을 둘러보다가 이렇게 말했다.

"흠, 여기에 흠집이 하나 있군!"

깜짝 놀란 조각가는 저승사자에게 물었다.

"불가능한 일이오. 대체 어디에 흠집이 있다는 거요?"

저승사자가 조각품 사이에서 조각가를 잡아내며 말했다.

"너의 질문이 바로 흠집이다!"

죽음이란

Insight

인간은 세 가지밖에 할 수 없다. 태어나는 것, 사는 것, 죽는 것. 죽음은 태어나기 이전의 나 자신으로 돌아가는 것이다. 그래서 죽음은 영원히 떠나는 것이 아니라, 단지 자리를 잠시 비워두는 것이다.

철학 수업 시간이었다. 한 학생이 교수에게 질문했다.

"교수님, 죽음에 대해 정의를 내려주십시오."

교수는 의자에 앉은 채로 질문을 한 학생을 뚫어지게 쳐다볼 뿐 아무 말도 하지 않았다. 강의실은 갑자기 긴장감이 감돌았다. 잠시 후 교수는 조용히 자리에서 일어서며 말했다.

"죽음이란 자리를 비워주는 것이지. 이렇게 말이야."

교수는 잠시 뒤에 차고 있던 시계를 풀어놓으며 말했다.

"다음 사람을 위해서도 시간을 남겨놓는 것이지."

그때 수업 종료 시간을 알리는 벨소리가 울렸다. 학생들은 모두 자리에서 일어서며 집으로 돌아갈 준비를 했다.

"그래, 죽음이란 수업을 마친 여러분들이 각자 집으로 돌아가는 것과 같지."

교수는 밖으로 나가려다 다시 말을 덧붙였다.

"아쉬운 게 있다면, 내일 또 만나자는 약속을 할 수 없다는 것이지."

상술

Insight

개가 사람을 물면 뉴스가 되지 않는다. 그러나 사람이 개를 물면 뉴스가 된다. 토끼와 거북이가 경주를 하면 거북이가 이긴다. 왜? 바다에서 하니까!

한 일본인 화상(畵商)이 파리를 여행하던 중, 유대인이 운영하는 화랑에 들러 유명 화가가 그린 동일한 그림 두 장을 발견했다. 가격을 물으니 2천 달러라고 했다.

일본으로 가져가면 장사가 되겠다고 생각한 그 일본인은 그림 두 장을 사겠으니 깎아 달라고 했다. 그러자 유대인 화상은 오히려 더 높은 가격인 5천 달러를 요구했다.

두 장을 사는데 깎아 주지는 못할망정 더 많이 달라는 게 말이 되느냐고 따졌다.

그러자 유대인 화상이 말했다.

"당신이 2천 달러에 그림 한 장을 사 가면, 남은 한 장은 희소가치가 적용되기 때문에 3천 달러를 받을 수 있소."

형제

Insight

어린이의 동화가 어른의 세계로 들어오면 거짓말이 된다. 절대 있을 수 없는 불가능한 일이 된다.

어느 마을에 형제가 살고 있었다. 형은 결혼해서 아내와 아이들이 있었다. 그러나 동생은 독신으로 살고 있었다. 형제는 아버지가 물려준 땅에서 함께 농사를 지었다. 형제 모두 부지런해서 가을에 풍성한 수확을 거뒀고, 형제는 곡식을 공평하게 반씩 나눠 가졌다.

처음에는 아무런 문제가 없었다. 그러나 점점 기혼의 형이 밤에 자다가 문득 깨어서 생각했다.

'이건 아무래도 불공평해. 동생은 홀몸인데 수확의 반만 가져가고 있어. 아내가 있고 자식이 다섯이나 있는 나는 노년에 필요

한 것은 다 보장되어 있는 셈이잖아. 하지만 가엾은 동생은 늙으면 돌봐 줄 그 누구도 없질 않는가? 그러니 동생은 장래를 위해서 지금보다 훨씬 많이 저축을 해야 해. 분명 나보다 동생이 더 많이 가져야 해.'

그런 생각으로 그는 매일 밤 몰래 자리에서 나와 동생 곳간에다 곡식을 한 섬씩 가져다 부어 놓곤 했다.

그런데 독신인 동생도 역시 어느 때부터인가 밤이 되면 이런 생각에 시달리기 시작했다. 그는 번번이 자다가 깨어 혼잣말을 했다.

'이건 아무래도 잘못된 거야. 형님은 형수님이 있고 아이들이 다섯이나 있는데도 수확의 반만 가져가고 있어. 나야 혼자만 먹고 살면 되지 않나. 그런데 나보다 훨씬 더 많이 가져가야 할 불쌍한 형님이 나하고 똑같이 나눠 가져서야 되겠는가?'

그래서 그 역시도 매일 밤 자리에서 나와 형의 곳간에 곡식을 한 섬씩 가져다 부어 놓곤 했다.

아침이 되어 두 형제는 각자 자기의 곳간을 보고는 깜짝 놀랐다. 어제와 똑같은 양의 곡식이 곳간에 쌓여 있었다. 다음 날 밤도 그리고 다음 날 밤도 곡식을 옮겼지만, 여전히 곳간에는 똑같은 양이 쌓여 있었다.

그러던 나흘째 밤, 둘이 같은 시각에 등에 곡식을 한 섬씩 짊어지고 상대방 곳간으로 가던 중 서로 맞닥뜨렸다. 곳간에 곡식이 줄어들지 않는 이유를 알게 된 형제는 서로를 부둥켜안고 오래도록 기쁨의 눈물을 흘렸다.

진리

Insight

언 강 위에 돌을 던져보라. 지가 무슨 바닥이나 되는 것처럼 '쩡 쩡 쩡' 소리친다. 얼음이 녹는 봄이 되어야, 얼음 위의 돌은 바닥에 가라앉는다.

어느 날 제자가 랍비에게 물었다.

"진리는 어디에나 있다고 선생님은 말씀하셨습니다. 그렇다면 진리가 길바닥에 굴러다니는 돌처럼 흔한 것입니까?"

"그렇다. 그러므로 누구라도 주울 수가 있다."

"그렇다면 어째서 사람들은 그걸 줍지 않는 걸까요?"

"진리라는 돌을 줍기 위해서는 몸을 굽히지 않으면 안 된다. 사람에게는 그 몸을 굽히는 것이 가장 어려운 일이기 때문이다."

열매가 아니라 씨앗

Insight

뿌린 대로 거둔다. 왜 우리는 이 단순한 진리를 알면서도 실천하지 못하는 것일까?

한 부인이 꿈을 꿨는데, 시장에 새로 생긴 상점에 들어가 보니 어찌된 일인지 계산대에 하느님이 서 계셨다.

"여기서 무얼 팔고 계세요?"

"네가 마음으로 원하는 것이라면 무엇이든지 줄 수 있다."

그 말을 믿기가 어려웠지만, 부인은 한 인간이 원할 수 있는 가장 좋은 것들을 청하기로 결심했다.

"평화스런 마음과 사랑과 행복을 주세요. 그리고 공포로부터 벗어날 수 있는 자유를 원합니다."

그리고는 또 생각난 듯 덧붙여 하느님께 말씀드렸다.

"저만을 위해서가 아니고, 모든 세상 사람들을 위해서랍니다."

하느님께서는 조용히 미소를 지으며 말씀하셨다.

"네가 뭔가 잘못 이해하고 있는 것 같구나. 내가 여기서 파는 것은 열매가 아니라 씨앗이란다."

잔꾀

Insight

유머는 삶의 비타민이다. 웃음은 삶의 아스피린이다. 이 둘은 당신의 건강에 좋다.

한 마을에 부자이면서도 인색하기로 소문난 구두쇠가 살고 있었다. 구두쇠는 심한 감기로 고열에 시달리다 못해, 병원을 찾았다.

병원 현관에는 초진료가 10달러, 그다음부터 진찰비는 5달러라는 안내문이 적혀 있었다. 그것을 본 구두쇠는 의사를 만나자, 마치 초진이 아니라는 듯이 능청을 떨며 말했다.

"의사 선생님, 그동안 잘 지내셨습니까? 저번 감기처럼 이번 감기도 독하네요."

의사는 청진기를 꺼내 들고 신중하게 구두쇠를 진찰했다. 목, 눈, 귀 등을 찬찬히 들여다보며 필요 이상의 많은 질문을 했다.

진찰을 끝낸 의사가 말했다.

"지난번에 해드린 처방과 똑같이 하시면 됩니다."

: 참고 문헌 :

- 101 Classic Jewish Jokes by Robert Menchin
- 500 Great Jewish Jokes by Jay Allen
- Alan King's Great Jewish Joke Book by Alan King
- Genius of the Jewish Joke by Arthur Asa Berger
- Have a Good Laugh by Ron Isaacs
- Jewish Humor by Joseph Telushkin
- Jewish Wisdom by Joseph Telushkin
- No Joke by Ruth R. Wisse
- Official Jewish Joke Book and Official Irish Jokebook by Larry Wilde
- Some of my best jokes are Jewish by Gerry Blumenfeld
- The Best Ever Book of Jewish Jokes by Mark Geoffrey Young
- The Big Book of Jewish Humor by William Novak, Moshe Waldoks
- The Talmud by Marvin Tokayer
- The Ultimate Book of Jewish Jokes by David Minkoff
- What Is a Jewish Joke? by Henry Eilbirt

유머라면
유대인처럼

편역자 박정례
펴낸이 이종록 펴낸곳 스마트비즈니스
등록번호 제 2016-000196호 등록일 2005년 6월 18일
주소 경기도 고양시 일산동구 정발산로 24, 웨스턴돔타워 T4-414호
전화 031-907-7093 팩스 031-907-7094
이메일 smartbiz@sbpub.net
ISBN 979-11-6343-033-9 03320

초판 1쇄 발행 2021년 1월 18일
초판 2쇄 발행 2021년 10월 15일
초판 3쇄 발행 2023년 9월 25일

이 책을 읽고 반성하는 엄마는 많지만,

이 책에서 배운 것을 곧바로 실천하는 엄마는 정말 드물다!

장화용 지음 | 신국판변형 | 252쪽 | 값 15,000원

들어주고, 인내하고, 기다리는 유대 5천 년, '탈무드 자녀교육법!'

모르는 것을 질문했을 때 즉답보다 질문으로 답하면서, 아이의 입에서 답이 나올 때까지 귀 기울여 **'들어주는 부모'**여야 한다.

고난과 역경이 닥치더라도 스스로 해결할 때까지 **'인내하는 부모'**여야 한다. 아이가 떼를 쓴다고 해서, 무턱대고 화를 내거나 아이의 부탁을 즉각 허락하기보다 **'기다리는 부모'**여야 한다.

아이의 자존감을 살리는 것이 자녀교육의 처음이자 끝이다. 아이의 속마음을 다독이며, 타고난 장점을 격려하면서 자존감을 살려야 한다.
그에 대한 해답이 바로 유대인의 **'탈무드 자녀교육법'**이다!